HISTOIRE

DU

DÉPARTEMENT DU PAS-DE-CALAIS

Par M. DAVID

Répétiteur de l'Enseignement primaire, Officier d'Académie.

§ Ier. — La Gaule indépendante.

L'histoire de notre département ne remonte guère au delà de l'ère chrétienne. Nous savons qu'à l'époque de la conquête romaine, vers l'an 58 avant J.-C., deux tribus gauloises habitaient le nord de la Gaule : les *Atrébates*, dont la capitale occupait l'emplacement de la ville actuelle d'Arras, et les *Morins*, peuple des bords de la mer, dont la capitale était Thérouanne, aujourd'hui petit village du canton d'Aire.

Cette contrée était couverte de forêts et de marécages, et les habitants étaient très attachés à leur indépendance ; aussi, lorsque Jules César entreprit la conquête de la Gaule, rencontra-t-il chez ces peuples une résistance opiniâtre.

Comm, chef des Atrébates, d'abord allié, puis implacable adversaire des Romains, se fit remarquer lors du soulèvement de Vercingétorix. Il commandait l'armée gauloise envoyée au secours d'Alésia et combattit vaillamment devant cette ville ; mais la valeur aveugle de nos pères ne put vaincre la discipline des Romains, ni forcer leurs formidables retranchements. Vercingétorix dut se rendre, et la Gaule entière fut définitivement soumise.

§ II. — La Gaule romaine.

L'empereur romain Auguste organisa administrativement la Gaule, l'an 27 avant J.-C. Le pays des Atrébates et celui des Morins firent partie de la province dite IIᵉ Belgique.

Pendant 400 ans, notre pays fut soumis aux Romains; et, bien qu'il eût plusieurs fois à souffrir des révoltes des généraux aspirant à l'empire, il acquit une grande prospérité. Les forêts furent défrichées, les marécages desséchés ; l'agriculture se développa et avec elle l'industrie et le commerce, favorisés par les nombreuses routes que les Romains établirent de toutes parts. Les draps des Atrébates étaient célèbres dans tout l'empire. On raconte qu'à l'époque des Trente tyrans, l'empereur Gallien, apprenant la panique qui s'était répandue dans Rome à la nouvelle que la ville d'Arras était tombée au pouvoir d'un général victorieux, s'écria : « Est-ce donc » en vérité que l'État et Rome soient en danger parce » que les draps des Atrébates viendraient à leur man- » quer ? »

Le principal port des Morins était *Portus Itius* (Wissant, Boulogne ou Calais); c'est de là que partit l'expédition de César contre la Grande-Bretagne. Un peu plus tard, le port de *Gessoria* (Boulogne), à l'embouchure de la Liane, devint célèbre; son havre était réputé un des meilleurs de la Gaule Belgique.

L'empereur Claude fit élever à Boulogne un phare appelé en latin *Tour qui arde* (qui brûle), dont on a fait *Tour d'Adre* ou *d'Ordre*. Ce phare subsista jusqu'en 1654, époque où il s'écroula avec la falaise qui le supportait.

§ III. — La Gaule franque.

Au vᵉ siècle, le pays était florissant et le christianisme, prêché par un prêtre grec, Diogène, commençait à y pénétrer, lorsque survinrent les Barbares. Les Vandales s'emparèrent d'Arras et massacrèrent Diogène au pied de son autel (410). Après eux vinrent les Hérules, non moins cruels, puis les Huns, conduits par Attila, le terrible *fléau de Dieu*. Ces barbares détruisirent la malheureuse ville d'Arras et n'y laissèrent pas pierre sur pierre.

Les Francs arrivèrent à leur tour vers l'an 448. Un de leurs chefs, Clodion, fut vaincu à *Lens* par Aétius, général des Romains restés en Gaule; un autre chef s'établit à *Thérouanne*.

C'est à cette époque aussi que le christianisme s'implanta définitivement dans cette contrée. *Védaste* ou *saint Vaast*, celui qui avait catéchisé Clovis après la bataille de Tolbiac, fut sacré évêque d'Arras par saint Remy, archevêque de Reims. Il vint prendre possession de son siège vers la fin du v⁰ siècle et releva l'autel de Saint-Diogène.

Pendant un épiscopat de quarante années, saint Vaast parcourut tout le pays, de Boulogne à Valenciennes et à Bruxelles, faisant beaucoup de conversions et fondant un grand nombre d'églises.

Sous les successeurs de Clovis, l'Artois fit presque toujours partie du royaume franc par excellence, celui de Soissons ou de Paris, ou de Neustrie. Il fut rattaché un instant à l'Austrasie sous Brunehaut, qui y laissa comme traces de son administration de nombreuses voies romaines restaurées qu'on appelle encore aujourd'hui *Chaussées Brunehaut*.

C'est à *Vitry-en-Artois* que fut assassiné le roi Sigebert par les émissaires de Frédégonde.

De l'an 600 à 800, le pays d'Arras fut gouverné par des comtes préposés par les rois mérovingiens. L'histoire nous a conservé les noms de deux d'entre eux, *Erkenbold*, petit-fils de sainte Gertrude, et *Altmar*, originaire du Soissonnais. Ces comtes étaient pour la plupart abbés laïques de Saint-Vaast, (Arras). Les *Chansons de Gestes* nous font connaître aussi *Fromont de Lens*, *li postis*, ou le puissant, qui possédait Arras la *forte cité*. La légende le représente faisant la guerre à Pépin le Bref lui-même.

Charlemagne vint visiter nos côtes pour les mettre en état de défense contre les incursions des Normands et fit construire un grand nombre de châteaux-forts et de forteresses; mais toutes ces précautions n'empêchèrent pas

ces terribles pirates, *les rois de mer*, comme ils s'appe-
laient, de parcourir le pays et de le dévaster.

§ IV. — La France féodale.

Sous le règne de Charles le Chauve, *Bauduin-Bras-
de-fer*, puissant seigneur de Flandre qui avait enlevé Ju-
dith, fille du roi, se rendit indépendant et prit le premier
le titre de comte de Flandre. Il en résulta entre lui et
Charles le Chauve une guerre qui eut pour théâtre les
environs d'Arras ; le roi de France fut battu et con-
sentit au mariage de sa fille avec son puissant vassal.

Bauduin Ier, qui avait depuis longtemps déjà étendu
sa domination sur l'Artois, vint s'établir à Arras et donna
à cette ville un grand développement ; la rue de Baudi-
mont (*Balduinimons*), qui existe encore, conserve son
souvenir.

Les comtes de Flandre eurent de fréquentes querelles
avec les rois de France pour la possession de l'Artois,
mais ils réussirent à conserver cette province qui, sous
leur administration, devint très prospère.

Vers ce temps s'établit dans le pays, qui forme aujourd'hui le département du Pas-de-Calais, et suivant
les règles du régime féodal, un grand nombre de sei-
greuries dont les principales étaient les comtés de Boulogne et de Guines, dépendant des comtes de Flandre
et d'Artois.

Philippe-Auguste ayant épousé Isabelle de Hainaut,
nièce de Philippe d'Alsace, comte de Flandre, en obtint
l'Artois, c'est-à-dire les villes d'Arras, d'Aire, de Saint-
Omer, d'Hesdin et de Bapaume ; mais, malgré cet arrangement, la guerre ne tarda pas à éclater entre Philippe-
Auguste et le comte de Flandre.

Arras se déclara pour le comte. Voici ce qu'un poète
du temps, Guillaume le Breton, dit à ce sujet dans sa
Philippéide : « *La puissante Arras envoie des secours*
» *au comte avec d'autant plus de zèle qu'elle est la ca-*
» *pitale et la principale ville de Flandre* ».

Malgré ce secours, le comte de Flandre fut battu et
Philippe-Auguste conserva l'Artois.

Les comtes de Boulogne, qui avaient pour suzerains
les comtes d'Artois, s'étaient rendus peu à peu indépen-

dants. L'un d'eux, Renaud, alla même jusqu'à faire hommage de son comté au roi d'Angleterre et osa prendre part à la coalition formée par Jean-sans-Terre contre Philippe-Auguste. La victoire de Bouvines (27 juillet 1214) sauva la France, et Renaud fut fait prisonnier.

Les milices d'Arras, sous la bannière de la cité, prirent part à cette mémorable bataille.

Saint Louis donna l'Artois et le comté de Boulogne à son frère Robert (1237), qui fut tué à la Mansourah ; la descendance de ce prince conserva cette province jusqu'en 1384, époque où Marguerite, fille de Louis de Male, comte de Flandre et d'Artois, épousa Philippe le Hardi, duc de Bourgogne.

Le mouvement communal se fit sentir de bonne heure dans l'Artois, et les villes jouissaient déjà de privilèges importants et d'une certaine autonomie, lorsque des chartes d'affranchissement leur furent accordées au xii° et au xiii° siècle.

Cette époque est une des plus brillantes de l'histoire de notre pays. L'industrie était très active, le commerce florissant, et les bourgeois des villes avaient amassé tant de richesses qu'ils devinrent les banquiers des rois de France et d'Angleterre. Ces riches bourgeois aimaient les vers et la musique, les spectacles, les jeux et les fêtes, et ils alimentaient la verve des poètes; c'est le beau temps des trouvères artésiens.

§ V. — La guerre de Cent Ans.

Malheureusement la guerre de Cent ans vint interrompre le cours de cette prospérité et accumuler les ruines sur notre pays.

Après la bataille de Crécy (1346), les Anglais allèrent mettre le siège devant *Calais*. La ville fut héroïquement défendue par Jean de Vienne; mais, après huit mois de siège, les vivres venant à manquer, on fut obligé de demander à capituler. C'est ici que se place le dévouement d'*Eustache de Saint-Pierre* et de ses compagnons.

C'est en Artois aussi qu'eut lieu la désastreuse bataille d'*Azincourt* (1415). Après avoir conquis la Normandie,

Edouard III voulut retourner en Angleterre par Calais, et se dirigea vers la Somme, qu'il passa à Péronne.

L'armée française, qui le poursuivait, alla se poser pour l'atteindre entre les villages de *Tramecourt* et d'*Azincourt*, plaine étroite nouvellement labourée, où il était impossible à une armée de 50,000 hommes de s'étendre et de manœuvrer. Les Français, rangés sur 32 rangs de profondeur, furent criblés de flèches sans pouvoir se défendre, car leurs chevaux, empêtrés dans les terres grasses, ne purent se mouvoir qu'au pas; on avait bien quelques milliers d'archers et des canons, mais on n'eut pas de place à leur donner.

La défaite fut complète : 10,000 Français, parmi lesquels 7 princes et un grand nombre de seigneurs, restèrent sur le champ de bataille ; les ducs d'Orléans, de Bourbon, les comtes d'Eu, de Vendôme, de Richemont et beaucoup d'autres furent faits prisonniers et conduits à Londres.

Tout semblait perdu pour la France, lorsque parut Jeanne d'Arc. Cette héroïque jeune fille rendit le courage aux Français et leur fit retrouver le chemin de la victoire. Arras se trouve dans l'histoire de Jeanne, lorsqu'elle suivit la voie douloureuse qui, de Compiègne, devait la conduire au bûcher de Rouen.

Prise par le bâtard de Vendôme, et vendue à Jean de Luxembourg, Jeanne d'Arc fut déposée quelque temps à la prison du Châtelain d'Arras, avant d'être livrée aux Anglais.

Cependant la guerre de Cent ans arrivait à son terme.

En 1435 fut signé à Arras le fameux traité qui, en réconciliant le duc de Bourgogne avec le roi de France, décida la défaite et l'expulsion des Anglais. En effet, quelques années après, les victoires de Formigny en Normandie (1450), et de Castillon en Guyenne (1453) enlevaient aux Anglais toutes leurs possessions sur le continent, sauf *Calais*.

§ VI. — Progrès de la royauté. — Le comté de Boulogne et Calais à la France.

Malheureusement, le traité d'Arras donnait l'Artois en toute souveraineté au duc de Bourgogne, et, à la mort de

Charles le Téméraire, cette province passait à la maison d'Autriche par le mariage de Marie de Bourgogne avec Maximilien.

Louis XI ressaisit l'Artois pour un instant, et livra à Maximilien l'indécise bataille de *Guinegatte* (1479); mais, à sa mort, Maximilien reprit Arras par trahison, et les traités de Senlis (1493), de Madrid (1526), et de Cambrai (1529), maintinrent l'Artois parmi les possessions de la maison d'Autriche.

Louis XI fut plus heureux avec le Boulonnais. Il commença par le faire rendre à son légitime propriétaire, *Bernard de la Tour*, comte d'Auvergne, puis il l'acquit en échange du Lauraguais en Languedoc. Et pour soustraire à tout jamais le Boulonnais à la dépendance du comté d'Artois, qu'il aurait fallu, selon toute probabilité, rendre à Maximilien, il en fit hommage à Notre-Dame de Boulogne.

Sous François Ier, le roi d'Angleterre Henri VIII, après les inutiles pourparlers du *Camp du drap d'or* sur le plateau d'*Ardres*, s'était allié à Charles-Quint, et avait réussi (1544) à s'emparer de Boulogne malgré l'héroïque défense du maire *Eurvin*; mais Henri II racheta cette ville pour 500,000 écus.

La lutte de la France contre la maison d'Autriche eut souvent l'Artois pour théâtre. Louis XII avait perdu la bataille de *Guinegatte* (1513), et Charles-Quint, voulant venger son échec de Metz, détruisit *Thérouanne et Hesdin*; mais il fut vaincu à son tour par Henri II à *Renty*, près de Saint-Omer (1554), et obligé de quitter l'Artois.

Un succès plus important vint couronner cette longue guerre. Les Anglais possédaient encore Calais; et, comptant sur les fortifications de la place et sur les marais qui l'enveloppent, ils n'y avaient laissé qu'une faible garnison. Le duc de Guise, qui commandait l'armée française, après une feinte attaque du côté du Luxembourg, fila tout à coup sur Calais, attaqua la ville avec furie et, au bout de huit jours, obligea la garnison à capituler (1558).

Le dernier et honteux souvenir de la guerre de Cent ans était effacé, les Anglais ne possédaient plus un pouce de terrain en France.

Ce hardi coup de main fut fatal à la reine d'Angleterre, déjà malade : « *Si on ouvrait mon cœur, di-ait
elle en mourant, on y lirait le nom de Calais.* »

Le traité de *Câteau-Cambrésis* (1559) nous assura cette
conquête.

§ VII. — L'Artois sous la domination espagnole.

Il ne restait plus que l'Artois à reconquérir.

Cette province était passée de Maximilien d'Autriche
à Charles-Quint, empereur d'Allemagne, puis à son fils
Philippe II, roi d'Espagne. Elle resta pendant 150 ans
aux mains des Espagnols, qui y imprimèrent tellement
leur domination, que Richelieu a pu dire en parlant des
habitants d'Arras : « *Ils sont plus Espagnols que les
Aragonais.* »

Le caractère espagnol se retrouve encore aujourd'hui
dans un grand nombre de monuments de notre pays ; on
peut citer comme un des plus beaux spécimens de cette
architecture les deux places d'Arras, toutes bordées de
maisons à arcades.

Les querelles religieuses du xvi° siècle amenèrent en
Artois la guerre civile et la guerre étrangère ; les Espagnols s'emparèrent de Calais, de Vieil-Hesdin ; ils sur-
prirent même Amiens ; mais ils en furent chassés et le
traité de *Vervins* (1598) rétablit celui de Câteau-Cambrésis. Henri IV, après avoir chassé les Espagnols
d'Amiens (1597), avait tenté de s'emparer d'Arras, mais
inutilement ; il appartenait à Richelieu, le continuateur
de sa politique, de faire rentrer l'   s dans l'unité
nationale.

En 1640, pendant la guerre de Trente ans, les maré-
chaux de Châtillon, de Chaulnes et de Lameilleraie,
vinrent mettre le siège devant Arras. Les habitants se
défendirent avec la dernière énergie ; mais, après deux
mois de siège et de combats journaliers, après que les
murailles furent en partie détruites, ils ouvrirent leurs
portes.

L'Artois était conquis ; néanmoins la guerre devait
durer encore bien des années. En 1648, l'Espagne, voulant profiter des troubles de la Fronde pour reprendre
cette province, envoya une armée forte de 18,000 hommes

et de 38 canons sous les ordres de l'archiduc Léopold et du fameux général Beck, assiéger *Lens*.

Condé, qui n'avait qu'une armée de 14,000 hommes et 18 canons, vint leur offrir le combat. « Amis (avait-il dit à ses soldats le matin de la bataille) *souvenez-vous de Rocroy, de Fribourg et de Nordlingen,* » et il s'élança au plus fort de la mêlée.

Les Espagnols furent complètement défaits; ils perdirent 3,000 hommes, 100 drapeaux et tous leurs canons. On montrait encore il y a quelques années, auprès de Grenay, un arbre, appelé *l'arbre de Condé,* sous lequel s'était reposé le célèbre général.

Six ans après, les Espagnols essayèrent de reprendre *Arras*, spéculant cette fois sur le génie de Condé qui, par dépit contre Mazarin, avait passé à l'ennemi. Ils ne réussirent pas mieux que précédemment. Turenne, avec une armée de 18,000 soldats, força les lignes des assiégeants, fortes de 30,000 hommes, et mit les Espagnols en déroute (26 août 1654).

C'est en souvenir de cette délivrance que les habitants d'Arras, devenus Français de cœur, instituèrent la fête que l'on célèbre encore aujourd'hui.

Le traité des Pyrénées (1659) consacra la réunion à la France de l'Artois, sauf Aire et Saint-Omer qui nous furent attribuées au traité de Nimègue (1678). Le traité d'Utrecht (1713) nous rendit aussi Béthune, que nous avions perdue dans la guerre précédente.

La totalité du territoire formant aujourd'hui le département du Pas-de-Calais est donc dès cette époque acquise à la France, et aucune parcelle n'en sera plus détachée.

§ VIII. — Temps contemporains.

À l'aurore de la Révolution, la convocation des États généraux produisit dans notre pays un vif mouvement d'opinion.

Un jeune avocat d'Arras, qui acquit plus tard une grande et triste célébrité, *Robespierre,* publia un appel *à la nation artésienne,* à propos du doublement du Tiers-État, et un *avis aux habitants des campagnes* qui lui valut d'être nommé un des 49 commissaires chargés de résumer les remontrances de la ville et des paroisses. Il eut aussi l'honneur d'être élu député aux États généraux.

La France ayant été divisée en départements, le 13 janvier 1790, le département du Pas-de-Calais fut formé de l'*Artois*, d'une partie du *Ponthieu* (Picardie), du *Boulonnais* et du *pays reconquis* (Calaisis et Ardrésis).

Pendant le régime de la Terreur, notre département fut particulièrement éprouvé. Le proconsul d'Arras, *Joseph Lebon*, ancien curé de Neuville-Vitasse, exerça dans le Pas-de-Calais une dictature sanguinaire. A Arras, l'échafaud fut en permanence sur la place de la Comédie et 500 personnes périrent.

Sous Napoléon Ier, Boulogne vit, de 1801 à 1805, les immenses préparatifs d'une descente en Angleterre. Le port fut agrandi ; une flotte et une armée de 160,000 hommes y furent réunies. C'est au camp de Boulogne qu'eut lieu la distribution des premières croix de la Légion d'honneur, et c'est sur l'emplacement de ce camp que fut élevée la colonne de la Grande Armée.

La prospérité de la ville et du port de Boulogne date de cette époque, et elle n'a cessé depuis de s'accroître.

Comme le reste de la France, le Pas-de-Calais eut à souffrir des invasions de 1814 et de 1815, mais les années de paix qui suivirent réparèrent les pertes et les ruines que nous coûta l'empire.

Dans la période contemporaine, nous avons à signaler, dans notre département, la création de deux industries qui ont fait sa fortune : l'industrie sucrière, fondée par *Crespel-Dellisse* en 1810, et propagée par lui jusqu'en 1863, et l'industrie houillère, fondée en 1851.

La culture de la betterave et la fabrication du sucre traversent en ce moment une crise intense qui tend heureusement à se calmer, grâce aux perfectionnements apportés dans la culture et dans la fabrication ; mais l'industrie houillère est en pleine prospérité.

En 1888, 69 fosses étaient en activité, occupant 31,000 ouvriers et donnant 8 millions de tonnes de houille (le tiers de la production totale de la France).

En 1870-1871, le Pas-de-Calais fut envahi par les Prussiens qui occupèrent la ville de Bapaume et ses environs, menaçant Arras.

Le général *Faidherbe*, qui commandait l'armée du Nord, dont les cantonnements se trouvaient derrière la Scarpe, voulant s'opposer au bombardement de Péronne, se porta à la rencontre des ennemis.

Une bataille de deux jours (2 et 3 janvier 1871) s'engagea en avant de *Bapaume*; la lutte fut surtout opiniâtre à *Biefvillers* et à *Béhagnies*, positions très fortes qui ne furent enlevées qu'après plusieurs retours offensifs. Enfin, le 3 au soir, l'ennemi se mit en pleine retraite et Bapaume fut occupée par nos troupes.

Un monument à la mémoire des soldats français tués dans ces deux mémorables journées a été élevé au milieu du champ de bataille, près du village de Sapignies, sur la route d'Arras à Bapaume.

LES PERSONNAGES REMARQUABLES

DU PAS-DE-CALAIS

Par M. DAVID

Inspecteur de l'Enseignement primaire, Officier d'Académie.

COMM ou **COMIUS**. — Comm, chef des Atrébates, vivait vers l'an 58 avant **J. C.** Croyant aux bonnes intentions de César, il fut d'abord son allié et le seconda dans la conquête de la Grande-Bretagne; mais bientôt, désabusé sur le compte du général romain et sur les effets de l'occupation étrangère, il se dévoua à la cause de l'indépendance nationale.

Toujours à cheval, prêchant partout la révolte chez les peuples de la Belgique, Comm fit aux Romains une guerre implacable.

Lorsque, l'an 52, Vercingétorix, enfermé dans Alésia, appela la Gaule à son secours, Comm répondit un des premiers à son appel.

Quarante tribus gauloises avaient envoyé leurs contingents, formant une armée de 240,000 hommes, dont 8,000 cavaliers.

Comm, le plus expérimenté et le plus brave des chefs gaulois, fut nommé généralissime.

Malheureusement, nos pères, divisés entre eux, mirent trop de lenteur à se réunir, et César eut le temps de se fortifier dans son camp en élevant des retranchements formidables, tant du côté de la ville que du côté de la campagne. Lorsque les divisions gauloises parurent en vue d'Alésia, il était trop tard : l'héroïsme de nos ancêtres échoua contre la savante tactique des Romains, et Vercingétorix dut se rendre à son vainqueur.

La plupart des tribus gauloises firent leur soumission, mais Comm n'en persista pas moins dans sa lutte contre les Romains. Il souleva les Bituriges (*Bourges*), les Carnutes (*Chartres*), les Bellovaques (*Beauvais*), les Atrébates (*Arras*), et pendant trois ans fit aux légions romaines une guerre d'escarmouches très meurtrière. Irrités et inquiets, les Romains l'attirèrent dans une embuscade sous prétexte de paix, se jetèrent sur lui et le laissèrent pour mort. Comm survécut à ses blessures, se retira en Germanie avec quelques guerriers de sa nation, décidés comme lui à vivre libres, et continua sa lutte contre les Romains, en faisant en Gaule de fréquentes incursions, souvent couronnées de succès.

Sentant enfin l'inutilité de la résistance, il fit sa soumission. Mais, dans cette extrémité, il conserva toute sa fierté et sa grandeur d'âme. Il traita avec les Romains d'égal à égal, ne rendit point son épée et eut le droit de se retirer où il lui conviendrait.

Vers cette époque, l'an 50 avant J.-C., l'histoire cesse de faire mention du héros gaulois, le plus illustre après Vercingétorix, et le plus ancien dont l'Artois puisse s'enorgueillir.

GODEFROY DE BOUILLON. — Godefroy de Bouillon, fils d'Eustache II, comte de Boulogne, et d'Ide, fille de Godefroy, duc de Lorraine et de Bouillon, naquit à Boulogne-sur-Mer vers le milieu du xie siècle.

Il servit avec autant de dévouement que de fidélité l'empereur Henri IV, son suzerain, en guerre avec le pape, prit part à ses guerres d'Italie et entra à Rome. Mais, étant tombé malade, il crut à un châtiment du ciel et fit vœu d'aller à Jérusalem.

La première croisade s'organisait (1095). Godefroy, pour se procurer les ressources nécessaires, permit à la ville de Metz, dont il était le suzerain, de racheter sa liberté ; il vendit sa propriété de Stenay à l'évêque de Verdun, et céda ses droits sur le duché de Bouillon, qu'il tenait de sa mère, à l'évêque de Liège. Il se mit ensuite à la tête des Croisés et partit pour Constantinople, le 15 août 1096.

Godefroy était le plus brave, le plus fort et le plus pieux des croisés ; il établit dans l'armée une discipline sévère, et effaça ainsi dans les pays qu'il traversa, en Allemagne et en Hongrie, la mauvaise impression qu'avaient laissée les bandes désordonnées et pillardes de Pierre l'Ermite.

Arrivé à Jérusalem, après avoir pris Nicée et Antioche, il fut proclamé roi par les Croisés ; mais il ne voulut accepter que le titre de baron du Saint-Sépulcre, refusant « de porter une couronne d'or là où le Roi des » rois avait porté une couronne d'épines. »

La plupart des Croisés retournèrent en Europe et il ne resta auprès de Godefroy que 300 chevaliers. « N'ou- » bliez jamais, disait-il tout en larmes à ceux qui par- » taient, n'oubliez jamais vos frères que vous laissez » dans l'exil. »

Godefroy organisa le petit royaume de Jérusalem suivant les principes de la féodalité ; il fit même rédiger un Code, *les Assises de Jérusalem*, qui donne le tableau complet du régime féodal. Malheureusement, Godefroy mourut après un an de règne seulement, le 18 juillet 1100, laissant son faible royaume exposé à toutes les attaques des infidèles. — Il fut pleuré des chrétiens dont il était le père, et regretté même des musulmans qui avaient apprécié sa grande bravoure et sa justice.

BAUDOUIN. — Baudouin Ier, 2me roi de Jérusalem, était fils d'Eustache II, comte de Boulogne. Ses parents l'avaient destiné à l'état ecclésiastique, mais Baudouin, n'ayant aucun goût pour cette profession, la quitta en 1095, prit la croix et partit avec son frère Godefroy pour la Terre-Sainte.

En route, il eut de violents démêlés avec Tancrède pour la possession de Tarse en Cilicie, qu'ils avaient conquise ensemble ; puis, ayant été appelé par le prince et les habitants d'Édesse, il entra dans cette ville avec cent cavaliers, sut gagner les bonnes grâces de la population, et réussit, à la mort du prince, à lui succéder.

Le trône de Jérusalem étant devenu vacant en 1100 par la mort de Godefroy de Bouillon, Baudouin céda sa principauté d'Édesse à son cousin Baudouin du Bourg pour aller succéder à son frère.

Son humeur aventureuse lui fit reprendre les hostilités contre les infidèles. Il fut battu par eux à Rama ;

mais il parvint à les repousser de Jaffa et à s'emparer de Ptolémaïs, Béryte et Sidon.

Il se disposait à attaquer Tyr lorsqu'il mourut de la dysenterie en 1118, après 18 ans de règne.

SUGER. — Suger, abbé de Saint-Denis, ministre des rois de France Louis VI et Louis VII, naquit à Saint-Omer l'an 1082.

Elevé par les moines de l'abbaye de Saint-Denis, il eut, dans ses études, les plus brillants succès. C'est là qu'il se lia d'une étroite amitié avec Louis, fils unique du roi Philippe Ier, qui devait régner plus tard sous le nom de Louis VI.

Elu par les moines abbé de Saint-Denis, Suger renonça au faste de ses prédécesseurs et employa ses ressources à la reconstruction de l'église du monastère.

Ministre et conseiller de Louis VI et de Louis VII, il corrigea les lois, dirigea les négociations extérieures et la guerre, et favorisa l'essor de la révolution communale. Sur son avis, la ville de Saint-Omer, imitant l'exemple des grandes villes, se donna à Louis VI, pour se soustraire au joug odieux de la féodalité.

Ce sage ministre combattit le projet de croisade, prêché par le fougueux moine de Clairvaux, saint Bernard; mais il ne fut point écouté. La croisade fut désastreuse et Suger y perdit son frère Alvise, évêque d'Arras.

Pendant l'absence du roi Louis VII (1147-1149), Suger gouverna le royaume avec une grande habileté, en qualité de régent, mettant de l'ordre dans les finances et assurant la paix intérieure. Il mérita le titre de *Père de la Patrie*, que lui conféra le roi à son retour.

Malheureusement Louis VII ne suivit pas toujours les sages conseils de son ministre; il divorça avec Eléonore d'Aquitaine, qui, reprenant son duché, l'apporta en dot à son nouvel époux, Henri Plantagenet, héritier de la couronne d'Angleterre.

Suger mourut en 1152, à Saint-Denis, à l'âge de 70 ans, laissant la réputation d'un politique habile et d'un grand ministre.

On a de lui une *Histoire de Louis VI* et les *Grandes*

chroniques de Saint-Denis qu'il fit recueillir et qu'il réunit en un corps d'histoire.

Son buste est à l'Hôtel de Ville de Saint-Omer, sa ville natale.

QUESNE DE BÉTHUNE (Le comte). — Quesne de Béthune, guerrier, poète, diplomate, naquit à Béthune d'une famille illustre, vers le milieu du xiie siècle. Il cultiva de bonne heure la poésie, acquit par ses vers une grande réputation et passa la plus grande partie de sa jeunesse dans les cours de France et de Champagne, les plus policées de l'Europe.

Mais Quesne, le trouvère, était aussi un valeureux guerrier. Il prit part à la 3e et à la 4e croisade, traita avec le doge Dandolo pour le passage des Croisés de Venise en Terre-Sainte et se signala à l'assaut de Constantinople. Quand cette ville fut prise, il devint le premier conseiller du comte de Flandre devenu empereur, et fut plusieurs fois régent de l'empire.

Quesne mourut en Orient en 1222; il a laissé des poésies remarquables et des chansons qui ont de l'esprit et de la finesse.

GAUTHIER D'ARRAS. — Gauthier, trouvère artésien de la fin du viie siècle, naquit vers l'an 1150.

Il s'attacha au comte de Blois, Thibaut VI, et composa sur sa demande *Eracles ou Héraclius*, roman d'aventures qui ne compte pas moins de 14,000 vers; c'est une épopée complète.

Gauthier nous a laissé aussi *Ille et Goleron*, poème de 6,700 vers qu'il dédia à Béatrix de Bourgogne, femme de l'empereur Frédéric Barberousse.

Ces deux poèmes ne manquent pas d'intérêt.

ADAM DE LA HALLE. — Adam de la Halle, dit le *Boçu d'Arras*, trouvère du xiiie siècle, naquit à Arras d'une famille bourgeoise.

Il fit ses études à l'abbaye de Vaucelles, près de Cambrai, et alla chercher fortune à Paris.

Il revint à Arras en 1263. Cette ville était alors un lieu de plaisirs, de tournois et de fêtes; les riches bourgeois aimaient le luxe, la poésie, la musique et choyaient les poètes. Un grand nombre de satires sanglantes ayant été répandues dans la ville, on en accusa Adam qui fut obligé de s'éloigner.

Le poète s'attacha alors à Robert II, comte d'Artois, neveu de saint Louis, et partit avec lui pour Naples.

La langue et la littérature françaises étaient à cette époque très répandues en Italie; Adam et ses poésies y furent appréciés; il composa pour les divertissements de la cour de Naples le jeu de *Robin et Marion*, comédie pastorale qui eut un très grand succès.

Il écrivit *Li Jus Adam* (le jeu d'Adam); *Li Congiés Adam d'Arras*; un poème, *C'est du roi de Sézile*, et des chansons, motets, rondeaux, dont il composait lui-même la musique.

Il mourut à Naples vers 1286.

Adam est un des créateurs du théâtre en France; ses jeux ont précédé les *Mystères* et *Sotties*; ils contiennent des traits d'un vrai comique, des saillies vives et fines. Le souvenir du *bossu d'Arras* n'est pas entièrement effacé dans cette ville; on y trouve encore une rue de *Maître Adam*, du nom du trouvère artésien.

BODEL. — Bodel (Jean), un des plus illustres trouvères du XIIIe siècle, vivait à Arras vers l'an 1250.

Il fit partie de la croisade d'Egypte sous saint Louis, revint en France, et, comme il était atteint de la lèpre, il fut relégué dans un faubourg où il fit des vers.

Il a composé le *Congé à la Ville d'Arras*, le *Miracle ou Jeu de Saint-Nicolas*, sorte de drame national qui est une réminiscence de notre désastre de la Mansourah.

Mais son œuvre principale est la *Chanson des Saxons*, poème qui a pour sujet la guerre de Charlemagne contre Witikind et qui contient quelques beautés épiques.

BURIDAN. — Buridan (Jean), recteur de l'Université de Paris, naquit à Béthune et fit ses études à Paris. Il enseigna la philosophie et devint recteur en 1327. On ignore la date de sa naissance et celle de sa mort.

Buridan fut député par l'Université en 1345 pour demander à Philippe de Valois l'exemption de la gabelle,

qu'il ne put obtenir, et pour aller à Rome défendre ses
intérêts auprès du pape.

Buridan s'occupa beaucoup du problème de la liberté
de l'âme. Il est moins fameux par ses écrits sur Aris-
tote que par l' « *Argument à l'âne* » qu'on lui a plai-
samment attribué. Il supposait un de ces animaux,
pressé par la faim et la soif, et se laissant mourir entre
un seau d'eau et une mesure d'avoine, parce qu'il est
sollicité avec une égale force en deux sens opposés.

L'âne de Buridan est resté proverbial comme terme
de comparaison à l'égard de ceux qui n'osent pas ou qui
ne savent pas prendre une décision.

EUSTACHE DE SAINT-PIERRE. — Eustache de
Saint-Pierre, bourgeois de Calais, s'est illustré pendant
le siège de cette ville par Edouard III, roi d'Angleterre
(1346-1347).

Irrité de la longue résistance des Calaisiens, Edouard
exigea que six des principaux bourgeois vinssent en
chemise, la hart au col, lui apporter les clefs de la ville
et du château, et se remettre à sa volonté.

Lorsque Jean de Vienne, gouverneur de Calais, eut
fait connaître à la population les conditions du vainqueur, chacun se mit à crier et à pleurer.

Le plus riche bourgeois de Calais, Eustache, s'offrit
le premier : « J'ai si grande espérance d'avoir grâce et
» pardon envers Notre Seigneur, si je meurs pour ce
» peuple sauver, que je veux être le premier et me
» mettrai volontiers nu-pieds et la hart au col en la
» merci du roi d'Angleterre. »

Son exemple fut suivi par cinq autres bourgeois :
Jean d'Aire, les deux frères Wissant, Jehan de Fiennes
et Adrien d'Ardres.

Edouard, ayant autour de lui tous les seigneurs de sa
cour, les attendait sur la place devant son logement.
Quand il les vit venir il ne dit mot, mais jeta sur eux un
regard courroucé, car il haïssait les habitants de Calais pour les dommages que, au temps passé, ils lui
avaient fait éprouver sur mer.

Ces six bourgeois se mirent donc à genoux en lui
présentant les clefs de la ville, et demandèrent grâce.
Un des seigneurs de la cour osa intercéder en leur

faveur; mais Edouard, en proie à une violente colère, s'écria : « Qu'on fasse venir le coupe-tête! »

C'en était fait des malheureux Calaisiens, lorsque la reine d'Angleterre, Philippine de Hainaut, émue de pitié, se jeta aux pieds de son époux en demandant leur grâce. Ses prières et ses larmes finirent enfin par toucher le roi qui ordonna, quoique à regret, la mise en liberté d'Eustache et de ses compagnons.

La ville de Calais a élevé une statue à Eustache de Saint-Pierre, pour perpétuer le souvenir de cet homme de cœur, qui a donné l'exemple d'un des plus beaux dévouements dont l'histoire fasse mention.

MONSTRELET. — Monstrelet (Enguerrand de), chroniqueur français, prévôt de Cambrai et de Walincourt, est né à Bus, vers 1390, d'une famille noble et ancienne.

Il est l'auteur d'une *Chronique*, qui va de 1400 à 1453, et qui continue celle de Froissard.

« Moins attachant et moins dramatique que Froissard, il a cependant une grande valeur à cause des pièces originales qu'il reproduit et de son impartialité. »

Il mourut en 1453.

SAINT-POL (Waléran de Luxembourg, Comte de). — Saint-Pol, connétable de France, naquit en 1355 au château de Saint-Pol. Il entra au service du roi de France Charles V, et tomba entre les mains des Anglais. Charles VI, le chargea de négocier la paix à Londres en 1396 et le nomma ensuite gouverneur de Gênes.

Pendant la guerre des Armagnacs et des Bourguignons, le comte de Saint-Pol prit le parti du duc de Bourgogne qui le fit nommer gouverneur de Paris, puis connétable en 1412. C'est lui qui organisa dans Paris la trop fameuse milice des *Ecorcheurs*. Il dut quitter la capitale en 1413 avec le parti bourguignon, et alla mourir au château Ivoy (1415).

SAINT-POL (Louis de Luxembourg, Comte de). — Saint-Pol, connétable de France, neveu de Waléran de

Luxembourg, comte de Saint-Pol, est né en 1418, et fut élevé par son oncle dans la haine de la France. Il se rapprocha néanmoins de Charles VII et combattit les Anglais en Normandie et en Flandre; mais, sous Louis XI, il fit partie de la Ligue du bien public, et commanda l'avant-garde du comte de Charolais, à la bataille de Montlhéry. Il obtint au traité de Conflans la charge de connétable.

Malgré des apparences de soumission et de dévouement à l'égard de Louis XI, et bien qu'il en eût encore obtenu le comté de Guines et la seigneurie de Novion, il entretenait des intelligences secrètes avec les ennemis du roi.

Aux conférences de Picquigny, le roi d'Angleterre ayant livré à Louis XI la correspondance du connétable, le comte de Saint-Pol, convaincu de trahison, fut arrêté, condamné à mort par le Parlement et décapité à Paris, sur la place de l'hôtel-de-ville (1475).

GAGUIN. — Gaguin (Robert), chroniqueur français, né vers l'an 1425, à Calonne-sur-la-Lys, fut élevé au couvent des Préalins dans 'a forêt de Nieppe, près de Saint-Omer. Il se fit remarquer par une intelligence précoce, un courage infatigable et une grande aptitude pour les langues anciennes, l'histoire et la philosophie. Il se fit religieux.

Étant venu à Paris, il suivit les cours de l'Université et fut bientôt reçu docteur. Devenu professeur à son tour, il acquit une immense réputation et passait à cette époque pour l'homme le plus éloquent et le meilleur latiniste de son siècle.

En 1463, il fut appelé au généralat de son ordre, mais il n'en continua pas moins ses cours avec l'assiduité la plus exemplaire.

Son mérite personnel et son éloquence parvinrent à la connaissance de la cour. Louis XI et Charles VIII le chargèrent fréquemment de missions diplomatiques importantes dont il s'acquitta avec habileté. La bibliothèque royale, dont il était conservateur, s'enrichit beaucoup sous son administration; Gaguin, qui avait à sa disposition des sommes considérables, fit dans ses voyages des acquisitions importantes de manuscrits rares et précieux qu'on voit encore aujourd'hui à la bibliothèque.

Comme professeur, Gaguin a donné un éclat remarquable à l'enseignement de l'Université de Paris ; la plupart des savants de l'époque et beaucoup d'étrangers de marque furent ses élèves. Il était l'ami d'Erasme et de Commines, et fit avec ce dernier l'éducation de Georges d'Amboise. Il s'occupa aussi de travaux littéraires et historiques importants ; il rassembla les matériaux épars sur l'histoire des siècles passés, et en composa la première histoire de France digne de ce nom. Dans cet ouvrage appelé *Gesta francorum*, Gaguin, malgré quelques erreurs au début, qu'il a reproduites après ses devanciers, donne la relation la plus fidèle et la mieux écrite qui ait été faite sur l'histoire de notre patrie.

Gaguin mourut le 21 juin 1502, laissant la réputation d'un écrivain distingué, d'un historien fidèle et désintéressé.

LA VACQUERIE. — La Vacquerie (Jean), premier président au Parlement de Paris, naquit à Arras, vers 1430, d'une ancienne famille d'Artois. Il reçut une éducation distinguée, obtint le grade de licencié ès-lois et fut nommé, jeune encore, procureur général à la Cour féodale du comte d'Artois, appelée Cour-le-Comte (1466).

La Vacquerie remplit ses fonctions avec tant de talent qu'au mois de mars 1473, le poste important de conseiller pensionnaire à l'échevinage d'Arras lui fut confié.

Les bourgeois ne pouvaient faire un meilleur choix. La Vacquerie joignait à une science profonde une grande indépendance de caractère et un amour ardent du bien public.

Appelé à défendre sa ville natale contre les entreprises de Louis XI, il ne faillit pas à sa tâche.

Dans une conférence à Mont-Saint-Eloi entre Philippe de Commines, envoyé du roi, et les magistrats d'Arras, La Vacquerie ne craignit pas d'affirmer sa fidélité à Marie de Bourgogne et de s'opposer aux prétentions du roi de France sur l'Artois.

Louis XI ayant échoué dans ses négociations, vint assiéger Arras (1477), détruisit une partie des remparts et, malgré l'héroïque résistance des habitants, se rendit maître de la place. Les habitants furent traités avec la dernière rigueur, puis expulsés en masse.

La Vacquerie plaida avec chaleur auprès du roi la cause de ses malheureux concitoyens.

Il obtint enfin pour eux, en 1482, la permission de rentrer dans leurs foyers.

Louis XI n'avait pas gardé rancune au conseiller d'Arras de la résistance qu'il lui avait opposée ; il fut, au contraire, rempli d'admiration pour son talent et son beau caractère et résolut de se l'attacher. Il le nomma conseiller au Parlement de Paris, le 12 novembre 1479.

La Vacquerie hésitait beaucoup à accepter un tel honneur, craignant peut-être de perdre auprès d'un roi aussi peu scrupuleux que Louis XI l'indépendance de ses actions.

Aussi, ne put-il s'empêcher de dire au roi : « *Sire, permettez-moi de vous déclarer qu'il est une chose désormais à laquelle j'obéirai plutôt qu'à vous. — Et à qui sera-ce ?* demanda le roi. — *A ma conscience,* » répondit l'incorruptible magistrat.

Si Louis XI, en appelant La Vacquerie dans son conseil, s'était flatté de le voir plier à ses caprices, il ne tarda pas à s'apercevoir du contraire.

Jean de la Vacquerie, nommé bientôt par ses collègues premier président du Parlement, conserva son entière indépendance ; il sut résister aux volontés du roi quand elles lui paraissaient injustes ou tyranniques, et parvint parfois à déterminer Louis XI, tout absolu qu'il était, à suivre les avis de la haute assemblée.

Sous le règne de Charles VIII, La Vacquerie soutint la régente Anne de Beaujeu contre les entreprises du duc d'Orléans et exerça la plus heureuse influence sur les Etats généraux de Tours.

Il fut un des négociateurs du traité d'Etaples (1492). qui préparait l'expédition d'Italie, mais fit tous ses efforts pour détourner le roi de ses projets aventureux.

Jean de La Vacquerie mourut à Paris, le 21 juillet 1497. Il fut une des gloires de la magistrature française et un modèle de droiture et de probité.

La ville d'Arras, fière à juste titre de son glorieux enfant, a donné son nom à une de ses places.

DU BIEZ. — Du Biez (Oudard), maréchal de France, naquit à Arras en 1477, d'une ancienne famille de l'Artois.

Entré de bonne heure au service du roi de France, il défendit en 1523 la place d'Hesdin, assiégée par les Impériaux, prit part avec le comte de Saint-Pol aux guerres d'Italie, et se distingua au siège de Pavie. A son retour en France, il fut nommé lieutenant-général en Picardie, puis maréchal de France.

Chargé de défendre la Picardie contre Henri VIII, roi d'Angleterre, qui, de concert avec Charles-Quint, se proposait d'envahir la France, Du Biez confia le commandement de Boulogne à son gendre Coucy-Vervins, et lui-même s'enferma dans Montreuil (1544).

Du Biez résista victorieusement aux attaques d'un ennemi de beaucoup supérieur en nombre, mais Coucy-Vervins livra, par une honteuse capitulation, Boulogne aux Anglais, malgré l'héroïsme du maire Eurvin et des habitants.

Du Biez, ayant vainement tenté de reprendre cette place, fut accusé de n'avoir pas exécuté les ordres du roi, et d'être cause de ce revers ; il continua cependant à guerroyer dans le Boulonnais jusqu'à la paix conclue en 1547, faisant éprouver chaque jour de sanglants échecs aux Anglais.

Les ennemis de Du Biez, qui l'avaient attaqué lors de son insuccès de Boulogne, profitèrent de la mort de François Iᵉʳ pour renouveler leurs accusations. Du Biez, arrêté par ordre de Henri II, fut condamné à mort par arrêt du 15 août 1550.

On lui fit grâce de la vie, mais il fut dépouillé du collier de l'Ordre du roi, du titre de maréchal, dégradé de noblesse, et il eut la douleur d'assister à l'exécution de son gendre Coucy-Vervins, le faible et incapable gouverneur de Boulogne.

Après quelques années de détention, le vieux maréchal Du Biez qui, au dire de Brantôme, était digne de succéder à Bayard dans le commandement des armées, et qui avait accompli tant d'actions glorieuses, mourut de chagrin à Paris au mois de juin 1553.

La justice vint enfin pour lui. En 1575, sa mémoire, ainsi que celle de son gendre, fut solennellement réhabilitée, et on leur fit à tous deux (1577) de magnifiques funérailles.

EURVIN. — Eurvin, mayeur de Boulogne, naquit en cette ville au commencement du xvi⁰ siècle.

Il était avocat à la Sénéchaussée de Boulogne en 1541, lorsqu'il fut élu par ses concitoyens mayeur de la ville.

Il remplissait encore cette fonction en 1544, lorsque les Anglais vinrent mettre le siège devant Boulogne.

Comme Guiton à la Rochelle, Eurvin fut l'âme de la défense; il enflamma le courage des habitants par ses discours et ses actions, et réussit à repousser plusieurs assauts.

La capitulation ayant été décidée dans le conseil du gouverneur, Eurvin réunit les principaux habitants à l'hôtel-de-ville, leur fait partager son courage et sa confiance, et tous ensemble jurent de s'ensevelir sous les murs de leur cité plutôt que de se rendre.

Le mayeur court aussitôt porter cette décision à la connaissance du gouverneur, le conjure de ne point rendre la place, l'assurant que les habitants sauront tenir tête à l'ennemi. Il n'est point écouté, et la capitulation est signée.

Mais Eurvin et les bourgeois de Boulogne ne veulent point prêter serment à un roi étranger, ils abandonnent la ville et se retirent à Desvres, chez leurs voisins.

La ville de Boulogne, fière d'avoir donné le jour à ce courageux citoyen, a attribué le nom d'Eurvin à l'une des rues de la haute-ville.

BAUDUIN. — Bauduin (François), savant théologien et jurisconsulte, naquit à Arras le 1er janvier 1520.

Il fit des études remarquables à l'Université de Louvain, alla les compléter à Paris, où il se lia avec les sommités de l'époque, telles que Budé, Cujas, et fut reçu docteur en 1549.

L'effervescence causée par la réforme commençait à agiter tous les esprits. Bauduin, voulant étudier les causes de cette révolution, alla s'éclairer auprès des chefs mêmes du mouvement. Il vit Mélancthon en Allemagne, Calvin à Genève, et, à son retour en France, il essaya, avec Michel de l'Hôpital et quelques autres bons citoyens, d'opérer un rapprochement entre les deux partis déjà prêts à se battre; il échoua.

Bauduin professa le droit à Bourges, à Paris, à Strasbourg, à Heidelberg, à Angers. C'était un homme éloquent, de grand savoir et d'un beau caractère; c'est ainsi que le duc d'Anjou, depuis Henri III, lui ayant offert une forte somme d'argent pour faire l'apologie de la Saint-Barthélemy, il refusa.

Bauduin a exposé ses principes en jurisprudence dans un livre intitulé : « De l'institution de l'histoire et de son union avec la jurisprudence ; » il a écrit de nombreux traités sur le droit romain, des ouvrages de polémique religieuse, et une Chronique d'Artois, ouvrage qui se trouve manuscrit à la bibliothèque d'Arras.

Bauduin mourut à Paris en 1573.

DE LÉCLUSE. — De Lécluse (Charles), dit Clusius, célèbre botaniste, est né à Arras en 1526. Il étudia d'abord le droit à Louvain ; puis, renonçant à la jurisprudence, il fit des études médicales et fut reçu docteur à Montpellier.

Très instruit dans les sciences naturelles, de Lécluse parcourut en herborisant la plupart des pays de l'Europe, dirigea à Vienne pendant 14 ans les jardins de l'empereur Maximilien et accepta en 1589 la chaire de botanique à l'université de Leyde.

De Lécluse a fait des ouvrages remarquables, accompagnés de planches nombreuses, sur les plantes exotiques. C'est dans un de ces ouvrages, Rariarum plantarum historia, que se trouve la plus ancienne description de la pomme de terre.

De Lécluse mourut en 1609.

SIMON OGIER. — Simon Ogier, poète latin, naquit à Saint-Omer en 1549. Son père était argentier de la ville, c'est-à-dire receveur municipal, et appartenait à une honorable famille.

L'Artois était à cette époque désolé par les querelles

religieuses. Simon Ogier, qui venait d'être reçu docteur, partit pour l'Italie, afin de se livrer tout entier à la poésie. Il resta dix ans dans la patrie de Virgile, soit à Rome, recevant une hospitalité princière dans le palais du cardinal Caëtan, soit à Vérone, chez le cardinal Valérii.

Une maladie grave dont son père fut atteint l'obligea à reprendre le chemin de l'Artois; il se fixa alors à Saint-Omer, où il continua à se livrer à ses inspirations poétiques.

Ses œuvres comprennent des odes et des épîtres; elles sont irréprochables au point de vue des mœurs. Les sujets de ses chants sont l'éloge des lettres et des illustrations de son temps, l'amour du catholicisme, de la famille et du pays, et le récit des événements contemporains.

On peut considérer Ogier comme un poète lyrique remarquable. Ses odes et ses élégies, toutes écrites en latin, sont d'une délicatesse exquise et d'un charme touchant.

MALEBRANCQUE. — Malebrancque (Jacques), jésuite, historien, naquit à Aire-sur-la-Lys, en 1578. Il enseigna les humanités dans divers collèges de son ordre et se livra à la prédication. On lui doit quelques traductions estimées, mais il est surtout célèbre par son *Histoire des Morins.*

Le père Malebrancque avait un goût prononcé pour les recherches historiques; il travailla pendant quarante années à fouiller les bibliothèques, les archives, à recueillir dans les ouvrages anciens et modernes les faits concernant sa patrie; il eut même connaissance de manuscrits précieux, aujourd'hui perdus, et que nous ne connaissons que par la traduction qu'il nous en donne. De tous ces documents, Malebrancque a composé l'ouvrage le plus complet que nous ayons sur l'histoire de la province d'Artois.

Le père Malebrancque a écrit en latin. Son style est déclamatoire et diffus, embarrassé de tours de phrases qui en rendent la lecture pénible; mais son œuvre n'en est pas moins considérable et utile.

« Malebrancque sera toujours en estime parmi les

, savants, et sa mémoire ne périra pas dans l'Artois qu'il
, a glorifié par son histoire. »

DUTERTRE. — Dutertre (Jean-Baptiste), dominicain,
naquit à Calais en 1610.

Il servit d'abord dans la marine hollandaise, vint à
Paris en 1635, et entra dans l'ordre des dominicains.

Ses supérieurs, frappés de ses talents et de sa connaissance des affaires, l'envoyèrent comme missionnaire aux
Antilles.

Le père Dutertre fit de nombreux voyages; il était
observateur, doué d'un jugement sain et d'un esprit
juste. Pendant les dix-huit ans qu'il passa en Amérique,
il nota sérieusement les impressions et les faits dont il
avait été le témoin.

A son retour en France, il composa son *Histoire générale des Antilles, habitées par les Français.*

Cet ouvrage, le premier qui ait paru sur la matière,
contient le récit de ce qui s'est passé dans les colonies
françaises des Antilles, depuis 1625 jusqu'en 1677; on
y trouve des renseignements sur l'histoire naturelle de
ces pays, et des détails sur les mœurs et coutumes des
habitants.

Cet ouvrage est encore consulté avec intérêt aujour-
d'hui.

Dutertre mourut en 1687.

DE VUEZ. — De Vuez (Arnauld), peintre, est né à
Saint-Omer le 10 mars 1642, d'une famille italienne
établie en France.

Son père, reconnaissant en lui d'heureuses disposi-
tions pour le dessin, lui fit étudier la peinture et l'envoya à Paris travailler sous la direction du frère récollet
Luc, qui, à cette époque, tenait une école de peinture
fort en vogue.

Le jeune de Vuez resta trois ans à Paris, fit des progrès rapides, et, poussé par le désir de se perfectionner,
partit pour l'Italie.

A Venise, il fut bien accueilli par son oncle, chanoine
de la cathédrale; il fit quelques tableaux qui eurent du
succès, et, muni d'une lettre de recommandation, partit
pour Rome, où il arriva le 10 mars 1660. Là il se mit au

travail avec ardeur, étudiant avec un tel succès les toiles des grands maîtres, qu'il remporta en 1661 le premier prix de peinture, pour une copie de Raphaël.

Il obtint l'amitié particulière du prince Pamphili, gouverneur de Rome, mais, en même temps, il fut en lutte aux insultes et aux menaces des artistes italiens, jaloux de sa renommée.

Lebrun, premier peintre de Louis XIV, ayant eu besoin d'aide pour les immenses travaux qu'il avait entrepris, appela de Vuez, qui profita de cette occasion pour quitter l'Italie.

De Vuez obtint la faveur de Louvois qui l'envoya à Lille exécuter un tableau pour l'église de l'hôpital; il séjourna longtemps dans cette ville et exécuta ces nombreux tableaux qui ornent aujourd'hui beaucoup d'églises, de monastères et de monuments publics.

Arnauld de Vuez fut reçu à l'Académie française le 20 septembre 1681 ; il est mort à l'âge de 77 ans, vers 1719.

Il a fait honneur à la peinture et à son pays ; ses œuvres sont répandues en Flandre, en Hollande et en Allemagne, et placées avec distinction auprès de celles des grands maîtres.

Le musée de Lille possède de cet artiste 26 tableaux et quelques esquisses.

ROBINS(Jacqueline). — Robins (Jacqueline-Isabelle, née à Saint-Omer le 13 janvier 1655, veuve de Guillaume François Boyaval, était en 1710 fermière de l'entreprise des bateaux de cette ville.

On était à cette époque en pleine guerre de la succession d'Espagne. Les ennemis, sous la conduite du prince Eugène et de Marlborough, vinrent cerner la ville de Saint-Omer, empêchant toute communication extérieure.

La place était dépourvue de munitions et cependant on refusait de se rendre.

C'est alors que Jacqueline Robins vint trouver les magistrats de la ville, s'offrant pour aller à Dunkerque, avec un de ses bateaux, chercher les munitions dont on avait besoin. L'entreprise était téméraire ; Jacqueline risquait sa vie ; mais elle n'hésita pas un instant à partir, soutenue par l'espoir de sauver sa ville natale.

Son voyage fut heureux ; mais, comme elle allait rentrer à Saint-Omer avec un chargement de poudre et de mitraille, dissimulé sous un monceau de légumes, elle se vit arrêtée par les soldats ennemis. « Messieurs, dit-elle, sans perdre son sang-froid, ce n'est que le bateau d'une pauvre maraîchère. Prenez le chemin tout opposé à celui que vous suivez, et vous ne tarderez pas à découvrir ce que vous cherchez. »

Et, commandant à l'homme qui traînait la barque de hâter le pas, elle rentra fièrement dans Saint-Omer.

Les ennemis apprirent bientôt à leurs dépens qu'ils avaient été trompés par la dame Boyaval ; aussi se promirent-ils de lui faire payer cher sa supercherie.

Comme elle allait fréquemment à Dunkerque, pour ses affaires commerciales, les ennemis, ayant un jour reconnu son bateau, l'arrêtèrent et lui déclarèrent qu'elle était leur prisonnière. « Soit, Messieurs, dit-elle, emmenez-moi chez vous, je vous en remercierai. Je ne serai pas étrangère en Autriche, où mon père est né au temps de son altesse sérénissime le prince Albert ; ses amis seront les miens. Soyez sûrs que votre proposition m'enchante ; et tenez, je veux vous faire goûter l'excellente eau-de-vie dont ma barque est chargée. »

Les soldats du prince Eugène, étonnés de tant d'assurance, acceptent sans défiance l'offre de leur prétendue compatriote ; mais ils absorbèrent tant d'alcool qu'ils tombèrent ivres-morts et ne se réveillèrent..... que dans les prisons de Saint-Omer.

C'est ainsi que cette femme de courage et de cœur parvint à approvisionner la ville pendant un blocus de plusieurs mois, et à la sauver de la honte de la capitulation. En effet, les ennemis, désespérant de s'emparer de la place, levèrent le siège et se dirigèrent sur Arras.

La ville de Saint-Omer, reconnaissante, a élevé une statue à Jacqueline Robins, et a donné à une de ses rues le nom de cette femme héroïque et patriote.

MARESCHAL. — Mareschal (Georges) de Bièvre, chirurgien distingué, est né à Calais, le 7 avril 1658. Il étudia à Paris, à l'hôpital de la Charité, sous la direction de Morel, chirurgien en chef, et lui succéda, en 1688 à la tête de cet important établissement.

Son habileté de main dans les opérations, jointe a une science profonde en anatomie, lui acquirent une brillant réputation.

Appelé par Félix, premier chirurgien du roi, à soigne Louis XIV dans une maladie, Mareschal obtint la confiance du monarque qui, à la mort de Félix, l'attacha à sa personne.

Sa fortune ne fit alors que grandir. Outre les fonctions de premier chirurgien du roi, il obtint une charge de maître d'hôtel et un titre de noblesse.

Après la mort de Louis XIV, il trouva dans son successeur la même confiance, et en obtint le cordon de Saint-Michel en 1723.

Il mourut dans son château de Bièvre, le 13 décembre 1736.

Mareschal fut un savant distingué, modeste et désintéressé ; il fit faire de grands progrès à la chirurgie en France, et contribua à la création de l'Académie royale de médecine.

BEAURAIN (de). — Beaurain (Jean de), savant géographe, naquit le 17 janvier 1696 à Aix-en-Issart. A l'âge de 19 ans il alla à Paris, étudia avec ardeur les sciences géographiques et devint géographe de Louis XV, pour qui il fit un grand nombre de cartes et de plans.

Son ouvrage principal qui établit sa réputation fut l'*Histoire militaire de Flandre ou les campagnes du maréchal de Luxembourg,* (2 vol.).

Il a donné aussi un *Atlas de géographie ancienne et moderne* en 14 volumes in-folio.

Ses talents et la confiance qu'il inspirait au roi lui valurent l'honneur d'être appelé à contribuer à l'éducation du dauphin. Il reçut une pension en récompense de ses leçons.

De Beaurain n'était pas seulement un savant distingué, c'était aussi un négociateur habile ; le cardinal Fleury le chargea plusieurs fois de missions délicates dont il s'acquitta à merveille.

De Beaurain mourut à Paris le 11 février 1771.

PRÉVOST D'EXILES. — Prévost d'Exiles (Antoine-François), romancier, naquit à Hesdin le 1er avril 1697.

Il fit ses études au collège des Jésuites, dans sa ville natale, et, à Paris, au collège d'Harcourt. Il fut successivement, et à deux reprises, jésuite et soldat; entra chez les Bénédictins, et, se croyant la vocation religieuse, reçut la prêtrise (1720). Dégoûté bientôt de la vie austère du cloître, il s'enfuit en Hollande (1727), puis en Angleterre, où il vécut de sa plume pendant sept années.

Il put enfin revenir en France, grâce à la protection du prince de Conti, qui l'attacha à sa personne comme aumônier.

Peu d'écrivains ont produit autant que l'abbé Prévost; on lui doit plus de 200 ouvrages, dont quelques-uns ont eu un succès remarquable. Les plus originaux de ses romans sont : *Manon Lescaut; les Mémoires et aventures d'un homme de qualité; le Doyen de Kelkerin.*

Prévost mourut le 25 novembre 1763. Comme il se trouvait dans la forêt de Chantilly, il fut tout à coup frappé d'apoplexie; on le crut mort, et on le transporta à la cure d'un village voisin. La justice ayant ordonné l'autopsie, Prévost fut tué par le scalpel du chirurgien.

DEZOTEUX — Dezoteux (François), docteur en médecine, naquit à Boulogne-sur-Mer en 1724.

D'abord médecin militaire, il prit part aux campagnes de Westphalie et de Flandre sous Louis XV, et se distingua par son aptitude, son zèle et son humanité.

Ayant pris tous ses grades, il se fixa comme praticien à Besançon.

Partisan convaincu du procédé d'inoculation de Jenner, encore peu connu en France, il se dévoua à sa propagation.

Dezoteux fonda une école de chirurgie militaire qui jouit d'une juste célébrité, et obtint en récompense le titre de chirurgien consultant des armées, et la décoration de l'ordre de Saint-Michel.

Il mourut à Versailles le 2 février 1803.

Dezoteux, dit un biographe, « était un habile prati-

» cien; il exerça sa profession avec dignité, et poussa
» le désintéressement jusqu'à l'excès.

« C'était un bon citoyen, un ardent ami de l'huma-
» nité, le protecteur et l'ami de ses disciples qui tous
» avaient pour lui une profonde vénération. » Il a publié
en collaboration un *Traité historique sur l'inoculation*.
C'est un des meilleurs ouvrages sur cette matière.

MONSIGNY. — Monsigny (Pierre), compositeur de
musique, naquit à Fouquembergues en 1729.

Un petit violon, que son père lui acheta à la foire du
village, révéla son talent et fut l'instrument de sa fortune. Il reçut des leçons de musique du carillonneur de
Saint-Bertin, et devint ensuite un musicien consommé.

Monsigny était maître d'hôtel dans la maison du duc
d'Orléans, lorsque l'audition de la *Serva Padrona* de
Pergolèse lui révéla sa vocation : il se fit compositeur.

Lully avait introduit en France la musique dramatique, Monsigny la perfectionna et créa l'opéra-co-
mique.

En 1800, il fut nommé inspecteur au Conservatoire
de musique; il entra à l'Institut en 1813, obtint la croix
de la Légion d'honneur, et fut reçu à l'Académie des
Beaux-Arts.

Ses meilleurs opéras-comiques sont : *Les aveux in-
discrets; — le Maître en droit; — le Cadi dupé; —
Rose et Colas; — Le Déserteur.*

Le principal talent de Monsigny « consistait dans la
» simplicité, l'expression et la mélodie; sa musique est
» tellement chantante que ceux qui l'entendent une fois
» la retiennent presque à leur insu. »

Il fut surnommé le La Fontaine de la musique. Monsigny mourut en 1817.

LAMOURETTE. — Lamourette (Adrien), évêque,
député, naquit à Frévent vers 1742 et fut destiné par
ses parents à l'état ecclésiastique.

Il entra dans la congrégation des Lazaristes, et après
avoir été supérieur du séminaire de Toul, puis directeur
à Saint-Lazare, devint grand vicaire de l'évêque d'Arras
en 1789.

Lamourette s'efforça de concilier la philosophie et la

religion; il fit paraître, très jeune encore, des écrits qui laissaient deviner son penchant pour les nouvelles doctrines, et ce fut lui qui rédigea le projet d'adresse au peuple français, sur la Constitution civile du clergé, qui fut lu à l'Assemblée nationale par Mirabeau.

En 1791, il obtint l'évêché constitutionnel de Lyon, puis fut nommé député à l'Assemblée législative.

Représentant du peuple, il apporta dans ses fonctions l'esprit de concorde et de paix qui l'animait. Il eut un jour de célébrité dans cette assemblée. Le 7 juillet 1792, alors que les haines divisaient profondément les partis, il monte à la tribune et parle avec effusion de réconciliation et de paix.

Son appel est entendu, les divisions de parti cessent pour un instant, les hommes les plus opposés et les plus acharnés s'embrassent mutuellement, et Lamourette, à la tête d'une députation, va en porter la bonne nouvelle au roi.

Malheureusement la réconciliation fut de courte durée et le lendemain on ne l'appela plus que *le baiser Lamourette*. Le mot est devenu proverbial.

Lamourette était à Lyon en 1793, pendant le siège de cette malheureuse ville ; sa conduite fut celle d'un digne pasteur.

Arrêté et conduit à Paris, il fut enfermé à la Conciergerie, condamné à mort, puis exécuté le 10 janvier 1794.

Lamourette a publié bon nombre d'ouvrages religieux ou philosophiques, parmi lesquels on distingue : *Pensées sur la philosophie de l'incrédulité ; — Les délices de la religion ; — Le décret de l'Assemblée nationale sur les biens du clergé ; — Prônes civiques*, etc.

ROBESPIERRE. — Robespierre (Maximilien-Marie-Isidore), célèbre homme d'État révolutionnaire et orateur français, né à Arras, le 6 mai 1758, mort à Paris, le 22 juillet 1794 (10 thermidor, an II), était fils d'un avocat au Conseil supérieur d'Artois. Il fit de bonnes études, d'abord au collège d'Arras, puis à Paris au collège de Louis-le-Grand, et vint s'établir comme avocat dans sa ville natale.

Il eut des succès au barreau, fit des vers, concourut avec succès pour des couronnes académiques, et acquit une certaine réputation comme homme de lettres.

Ses talents d'avocat, sa vie modeste et intègre et ses opinions libérales lui valurent l'honneur, en 1789, d'être l'un des seize élus pour représenter la province d'Artois aux États généraux.

Le rôle de Robespierre à l'Assemblée constituante fut assez effacé, bien qu'il y prit la parole assez fréquemment. Il n'abordait la tribune qu'avec timidité, travaillait beaucoup ses discours, qui étaient empreints d'une éloquence déclamatoire rappelant Jean-Jacques Rousseau, et choisissait avec soin l'occasion favorable pour les produire.

Il manifesta en toute occasion sa haine pour la monarchie, se lia avec des journalistes, et devint populaire dans la presse et dans les clubs.

Dévoré d'une ambition inquiète, il avait pour tactique d'opposer ses adversaires les uns aux autres, et de les dénoncer comme des agents de trahison ou de corruption. Toute sa force était dans sa parole éloquente et dans sa réputation d'intégrité qui lui valut le surnom d'Incorruptible.

Comme tous ses collègues de l'Assemblée constituante, Robespierre ne fit pas partie de l'Assemblée législative ; il en profita pour établir son influence au club des Jacobins. Il ne prit point part aux journées du 20 juin et du 10 août, mais, lorsque tout danger fut passé, il courut à la Commune prendre la direction des affaires.

Élu le premier, par Paris, à la Convention nationale, son influence, comme orateur et comme homme d'État, grandit en même temps que son influence sur les événements.

Il prit une part active au procès de Louis XVI, poussa avec acharnement au dénouement funèbre du 21 janvier 1793, et fit rejeter l'appel au peuple.

Louis XVI mort, les deux partis opposés à la Convention, les Girondins et les Montagnards, s'attaquèrent.

Robespierre fait voter la création du Tribunal révolutionnaire et du Comité de salut public ; puis, se servant de la popularité de Marat et de la fougue éloquente de Danton, il obtient la proscription des Girondins.

A partir de ce moment, Robespierre, membre du

Comité de salut public (août 1793), où il est chargé de la police intérieure et des affaires étrangères, en devient le membre le plus influent, et règne despotiquement sur la France.

Ses moyens de gouvernement sont la terreur et la destruction; il dresse chaque jour de longues listes de victimes qu'il envoie au Tribunal révolutionnaire, poursuit les Cordeliers comme enragés, les Dantonistes comme indulgents, et, ne rencontrant plus d'obstacles au sein de l'Assemblée, il l'entraîne dans les plus violents excès.

Pourtant son joug commençait à peser à la Convention. Lors de la fête de l'Être Suprême, Robespierre, qui présidait, parut un véritable autocrate. Ses collègues, choqués de sa vanité et de son orgueil, l'accablèrent de sarcasmes et, quelques jours après, l'attaquèrent en pleine assemblée, l'accusant de prétendre à la dictature.

Robespierre se défendit mal; il fut mis hors la loi, ainsi que ses amis, et, malgré les menaces des clubs et l'insurrection de la Commune de Paris, ils furent arrêtés.

Le lendemain ils montèrent sur l'échafaud au nombre de 22, accompagnés des malédictions et des outrages d'une foule qui voyait dans leur supplice la fin d'un régime odieux, qualifié du nom de la Terreur.

BEAUMETZ. — Beaumetz (Bon-Albert-Briois de) naquit à Arras, le 24 décembre 1759, d'une ancienne famille de robe. Membre de l'Assemblée constituante de 1789, premier président du Conseil supérieur d'Artois, il avait une éloquence vive et facile, beaucoup d'esprit, de capacité et de goût. La noblesse d'Artois l'ayant nommé député aux États généraux, il siégea à gauche, avec ceux qui voulaient, tout en supprimant les abus, conserver la monarchie.

Membre de différents comités, il fut, à cause de la variété de ses connaissances et de son talent oratoire, choisi fréquemment comme rapporteur. Il fit décréter la publicité des débats judiciaires, l'abolition de la torture, appuya l'institution du jury, fit accorder à Lagrange une pension de 6,000 fr., et soutint l'émission des assignats; mais il se prononça contre la vente des biens du clergé et prit la défense des émigrés.

Accusé en 1792 de vouloir rétablir l'ancien régime, il émigra.

Il a laissé un *Code pénal des jurés et de la haute Cour nationale*.

Il mourut à Calcutta, en 1809.

DAUNOU. — Daunou (Jean-Claude-François) naquit à Boulogne le 18 août 1761. Il entra à l'âge de 17 ans dans la congrégation de l'Oratoire, y fit de brillantes études, professa la philosophie dans divers collèges, et fut ordonné prêtre en 1787.

Cette même année, il publia son premier ouvrage, qui fut couronné par l'Académie de Nîmes : *De l'influence de Boileau sur la littérature française*.

A l'époque de la Révolution, Daunou se prononça pour les nouvelles réformes, et soutint par sa parole éloquente et par ses écrits la constitution civile du clergé.

Élu député à la Convention par le département du Pas-de-Calais, il s'attacha au parti girondin et se fit remarquer par sa fermeté et sa modération. Il contesta à l'assemblée le droit de juger Louis XVI, et se prononça pour la déportation.

Arrêté après la journée du 31 mai, il rentra à la Convention après le 9 thermidor, et fut élu secrétaire, puis président de cette assemblée. Il prépara les lois sur les élections, sur l'instruction publique, et contribua avec Lakanal à la fondation de l'Institut, où il entra dans la section des sciences morales et politiques.

Élu au Conseil des Cinq-Cents par 26 départements, Daunou en devint le président et attacha son nom à l'organisation de la cour de cassation et des écoles spéciales.

Après le 18 brumaire, il entra au Tribunat, mais son caractère indépendant et sa franchise l'en firent bientôt exclure.

Il se consacra dès lors entièrement aux lettres. Il avait publié en 1793 un ouvrage ayant pour titre : « *Essais sur l'Instruction publique* ; » il écrivit ensuite une *Analyse des opinions diverses sur l'origine de* l'imprimerie, un *Essai historique sur la puissance temporelle des papes*, un *Essai sur les garanties individuelles*, un *Cours d'études historiques*.

Daunou rentra cependant dans la vie publique en 1818, comme député du Finistère; il prit part à la révolution de 1830, et siégea jusqu'en 1834, époque où il refusa toute candidature. Il accepta cependant la pairie sur les instances pressantes de M. de Villemain, ministre de l'Instruction publique, mais il mourut l'année suivante, le 20 juin 1840, à l'âge de 68 ans.

« Daunou, dit un biographe, avait un style clair, logique, mâle, sobre, élégant et précis. Savant, il excellait par l'érudition exacte et imperturbable, par la patience, la vigueur des recherches, il a laissé à la presse des modèles de discussions, il a marqué à la tribune, il a vu et encouragé les plus belles découvertes de notre siècle depuis l'invention de Chappe jusqu'aux immenses perfectionnements de l'histoire et de l'archéologie modernes. »

Ce fut un grand citoyen, le véritable type du républicain éclairé et invariable dans ses principes.

Son buste, exécuté par le célèbre sculpteur David, se trouve à la bibliothèque de Boulogne-sur-Mer.

LEBAS. — Lebas (Philippe), membre de la Convention, naquit en 1762, à Frévent. Après avoir fait de bonnes études à Paris, au collège de Montaigu, il devint, en 1789, avocat au Parlement.

Il représenta les habitants de Saint-Pol à la fête de la Fédération, en 1790, fut nommé administrateur du département du Pas-de-Calais et bientôt après, en 1792, élu député à la Convention nationale.

Compatriote de Robespierre, il en avait les idées et l'énergie farouche; il vota la mort de Louis XVI et la proscription des Girondins.

Devenu, après le 31 mai, membre du Comité de sûreté générale, il se signala par son zèle à poursuivre les suspects. Dans les départements du Haut-Rhin et du Bas-Rhin, où il fut envoyé en mission avec Saint-Just, cet autre républicain fanatique, il recourut aux plus sanglantes mesures contre tous ceux qui ne partageaient pas ses opinions, au point que des populations entières se réfugièrent dans les bois, pour éviter la mort.

Toujours dévoué à Robespierre, il demanda à partager son sort au 9 thermidor, lutta tant qu'il put au sein de l'assemblée et au dehors, pour sauver son parti; mais, lorsqu'il vit que la Convention triomphait et que sa cause était perdue, il se brûla la cervelle pour ne pas tomber aux mains de ses ennemis (juillet 1794).

LEBON. — Lebon (Guislain-François-Joseph), né à Arras, le 25 septembre 1765, décapité à Amiens, le 24 vendémiaire an IV (16 octobre 1795), est un des noms les plus tristement célèbres de la Révolution.

Membre de la congrégation de l'Oratoire et professeur de rhétorique à Beaune, en Bourgogne, en 1790, il était pieux, charitable, dévoué à la jeunesse, et ne laissait à cette époque présager en rien le rôle qu'il devait jouer plus tard dans la grande tragédie révolutionnaire.

Il adopta avec enthousiasme les idées nouvelles, et, comme ses collègues de l'Oratoire ne partageaient pas ses sentiments, il dut quitter la congrégation. Les habitants de Beaune voulurent le retenir parmi eux, et le nommèrent même vicaire constitutionnel de la petite commune de Vernois, attenante à Beaune; mais Lebon, rappelé à Arras par des affaires de famille, quitta presque aussitôt la Bourgogne (1791).

Elu curé constitutionnel de Neuville-Vitasse, commune située près d'Arras, il en remplit les fonctions jusqu'au 10 août 1792. C'est alors qu'il fut nommé maire d'Arras, administrateur du Pas-de-Calais et député suppléant à la Convention.

A cette époque, ses idées politiques étaient encore fort modérées. Sa correspondance avec le ministre Roland et ses premiers discours à la tribune de la Convention le montrent suffisamment. Il fut même accusé de modérantisme à diverses reprises, au point que le Comité de salut public l'avertit de se tenir en garde « contre les sé- » ductions d'une humanité faussement entendue. »

Mais les événements marchèrent rapidement; la France était envahie par les Autrichiens et les Prussiens, qui occupaient déjà quelques places du Nord. Lebon, chargé d'établir un gouvernement révolutionnaire dans les départements du Pas-de-Calais et du Nord, et de pourvoir à la défense de la frontière menacée, quitta bientôt la ligne de modération qu'il avait suivie jusqu'alors. Il encouragea la délation et donna ordre au tribunal révolutionnaire de condamner à mort tout ce qui jouissait de quelque fortune. On montre à Arras une rue dont tous les habitants propriétaires passèrent sous le fer de la guillotine; on raconte même que Lebon assistait de son balcon aux exécutions, et encourageait les bourreaux. L'épouvante qu'inspiraient ces meurtres juridiques était telle, que les gens des campagnes n'osaient plus venir apporter leurs denrées au marché. Le farouche représentant du peuple fit signifier aux habitants d'Achicourt que leur bourg serait rasé, si « les fermières et les baudets cessaient » un seul jour d'amener des provisions à Arras. »

La chute de Robespierre amena celle de Lebon. Attaqué à son tour par ceux mêmes qui avaient été les instigateurs ou les complices de ses crimes, Lebon fut traduit devant le tribunal criminel de la Somme, le 17 juillet 1795, et condamné à mort le 9 octobre suivant.

Quand on lui fit revêtir la chemise rouge des condamnés pour aller à l'échafaud, il s'écria : « Ce n'est » pas moi qui dois l'endosser, il faut l'envoyer à la « Convention, dont je n'ai fait qu'exécuter les ordres. »

Son fils, Émile Lebon, a tenté de réhabiliter sa mémoire dans diverses publications qui méritent de fixer l'attention du lecteur et de l'historien ; mais, quelle que soit la part de responsabilité qui revienne au Comité de salut public, il est constant que Lebon s'est fait l'instrument d'une politique féroce et sanguinaire, et qu'il n'a pas cherché, comme quelques-uns de ses collègues, à adoucir la rigueur des mesures qui lui étaient prescrites.

PALISSOT DE BEAUVOIS. — Palissot de Beauvois (Ambroise-Marie-François-Joseph, baron de), naturaliste célèbre, naquit à Arras, le 27 juillet 1752, d'une famille de robe. Il fit ses études à Paris, au collège d'Harcourt, devint avocat au Parlement et bientôt receveur général des Domaines.

Ses goûts pour l'histoire naturelle l'entraînèrent dans des voyages lointains d'exploration. Il alla étudier la flore du Bénin (Afrique), tenta de traverser le continent africain de l'ouest à l'est, mais dut revenir sur ses pas, malade de la fièvre, après s'être avancé de 300 lieues dans l'intérieur.

Pour se rétablir, Palissot s'embarqua pour Saint-Domingue, mais, à peine arrivé dans cette ville, il fut obligé de s'en éloigner à cause de l'insurrection des noirs. A Philadelphie, où il se retira et d'où il espérait revenir en France, il apprit qu'il était proscrit comme émigré.

Dépourvu de ressources, il dut, pour vivre, se faire professeur; il donna des leçons de musique et de langues, travailla pour un riche amateur à l'arrangement d'un cabinet d'histoire naturelle, et se refit une certaine aisance.

A l'arrivée à Philadelphie du ministre de France Adet, chimiste, il en obtint des secours qui lui permirent d'entreprendre un voyage dans l'intérieur. Il y recueillit de précieuses collections de plantes et d'animaux dont il fit hommage à l'Institut à son retour en Europe.

Palissot a laissé divers ouvrages d'histoire naturelle accompagnés de planches, une comédie en cinq actes, *Le Railleur*, et des plaidoyers fort bien écrits.

Il mourut à Paris le 20 janvier 1820.

PIGAULT-LEBRUN. — Pigault-Lebrun (Guillaume-Charles-Antoine), écrivain, est né à Calais, le 8 avril 1753. Il fit ses études au collège de Boulogne, dirigé alors par les Oratoriens, et eut une jeunesse orageuse qui lui valut d'être emprisonné plusieurs fois par lettre de cachet, sur la demande de son père.

Pigault-Lebrun hésita longtemps sur le choix d'une carrière; il se fit d'abord acteur et fut sifflé; il composa une comédie en cinq actes, intitulée *Charles et Caroline*, qui eut un certain succès au Théâtre-Français; puis il s'engagea dans les dragons, devint sous-lieutenant et se battit à Valmy en 1792.

Après une mission comme chef de remonte à Saumur, il quitta le service militaire pour revenir aux lettres. Il publia des romans, des comédies et des vaudevilles qui eurent un grand succès, et aussi quelques ouvrages historiques de moindre valeur.

Pigault-Lebrun est un écrivain fécond et original; d'une gaieté qui va souvent jusqu'à la folie; son style est parfois incorrect, mais toujours plein de vivacité et d'entrain. On lui reproche avec raison d'être trop souvent licencieux.

Pigault-Lebrun mourut à Saint-Germain, où il s'était retiré, le 24 juillet 1835.

BACLER D'ALBE. — Bacler (Louis-Albert-Ghislain, baron d'Albe) naquit le 21 octobre 1761, à Saint-Pol.

Il montra d'abord un goût très prononcé pour les arts, et fit de la peinture avec succès. Lorsque la Révolution éclata, il s'enrôla dans l'armée et devint capitaine d'artillerie. Bonaparte, l'ayant remarqué au siège de Toulon, l'attacha à son état-major en qualité de directeur topographe, puis de chef des ingénieurs-géographes.

Bacler prit part à la campagne d'Italie et fut chargé, après la paix de Campo-Formio, de dresser la carte du théâtre de la guerre.

Il suivit l'empereur en Allemagne, en Espagne, en Suisse, devint général de brigade, puis chef des ingénieurs-géographes du dépôt de la guerre.

Après les Cent jours il se retira dans sa modeste maison de Sèvres, où il se donna entièrement au culte des arts.

Il mourut le 12 septembre 1824.

Bacler d'Albe publia des dissertations sur la gravure des cartes, popularisa la lithographie, art encore naissant, en publiant des ouvrages accompagnés de planches nombreuses. Comme peintre, on lui doit quelques tableaux qui ont été remarqués au salon : la *Bataille d'Arcole*, la *Bataille d'Austerlitz*, et le *Pâris chez Oenome*, qui a décoré la galerie de la Malmaison.

CAIGNIEZ. — Caigniez (Louis-Charles), auteur dramatique, est né à Arras, le 23 avril 1762.

Avant la Révolution, il était avocat au Conseil d'Artois; plus tard, il s'essaya dans le genre dramatique, et, comme il obtint des succès, il persévéra dans cette voie.

Doué d'un véritable talent pour la scène et particulièrement pour le genre dramatique, il fut surnommé le Racine du mélodrame.

Le nombre de ses pièces est considérable, et quelques-unes, comme le *Jugement de Salomon* (1802), et *la Pie voleuse ou la servante de Palaiseau* (1815), eurent un grand succès de vogue.

Il réussit aussi dans un art plus délicat, la comédie. Il composa *Le Volage*, comédie en trois actes, et *La Méprise en diligence*, autre comédie en trois actes, qui se distinguent par des situations comiques et originales. Ce sont ses meilleurs ouvrages.

Caigniez avait une fécondité extraordinaire ; il ne cessa de produire pendant 30 ans sans rien perdre de ses qualités originales.

Il est mort en 1842.

CUVELIER DE TRIE. — Cuvelier de Trie (Jean-Guillaume-Auguste), auteur dramatique, naquit à Boulogne-sur-Mer, le 16 janvier 1766.

D'abord avocat au Parlement de Paris, et doué d'une belle intelligence, il vint en 17·5 exercer sa profession dans sa ville natale.

En 1790, il fut envoyé comme député à la Fédération, entra dans l'armée, et devint aide de camp de La Fayette. Il prit part à diverses expéditions dans les départements de l'ouest, en Suisse et sur le Rhin, et fit les campagnes de 18°5 et de 1806.

Lorsqu'il revint à Paris, il s'occupa de littérature, écrivit pour le théâtre un grand nombre de pièces, drames, mélodrames, pantomimes, dont quelques-unes eurent un grand succès populaire. On le surnomma le Corneille du boulevard. Cuvelier réussit surtout dans le mélodrame militaire : ses meilleures compositions sont *Les Français en Pologne* (1808), *La belle Espagnole ou l'entrée triomphante des Français à Madrid* (1809), et *La Prise de la Flotte* (1822).

Il écrivit sans se lasser et sans perdre la faveur populaire jusqu'en 1824, année de sa mort, arrivée le 27 mai.

Cuvelier, dit son biographe, « était d'un commerce

, doux, d'un esprit cultivé; il était lié avec tout ce que
, Paris renfermait de gens aimables et instruits. »

Ses nombreux amis, pour honorer sa mémoire, lui
frent élever à Paris un monument dans le cimetière du
Père-Lachaise.

ALLENT. — Allent (Pierre-Alexandre-Joseph), lieu-
tenant-colonel, conseiller d'Etat, naquit à Saint-Omer,
d'une famille pauvre, le 9 août 1772. Grâce à plusieurs
protecteurs, il put faire d'excellentes études, et obtint
dans ses classes des succès remarquables.

A vingt ans, il s'engagea dans l'artillerie et fit ses premières armes comme simple canonnier, lors du bombardement de Lille par les Autrichiens, en 1792. C'est là
qu'il fut apprécié par Carnot qui, frappé de son intelligence remarquable et de ses rares connaissances, l'ad-
mit dans le corps du génie.

Son avancement fut rapide : lieutenant en 1794, capitaine en 1795, il devint chef de bataillon en 1800, et lieu-
tenant-colonel en 1811.

Napoléon, appréciant la justesse et la pénétration de
son esprit, le fit entrer au Conseil d'Etat avec le titre de
maitre des requêtes.

Lors de l'invasion de 1814, ce fut Allent qui traça le
plan de défense que devait suivre Marmont pour couvrir
la capitale, et il pourvut lui-même à la défense des routes
et de la barrière Clichy, contre le corps d'armée du général Blücker. Quand nos armées succombèrent, il organisa le service des gardes nationales, et assura l'ordre
dans la capitale

Sous Louis XVIII, Allent fut nommé sous-secrétaire
d'Etat au département de la guerre ; il entra de nouveau
au Conseil d'Etat, fut élu député par le Pas-de-Calais
en 1828, et nommé pair de France en 1834.

Allent, dit son biographe, « déploya au Conseil d'Etat
» une connaissance profonde des affaires ; sa pénétra-
» tion était si vive, son coup d'œil si sûr qu'à la seule
» inspection des pièces, il donnait la solution et dictait
» la rédaction avec autant de précision que de netteté.

» Le Conseil d'Etat lui est redevable d'avoir éclairé sa
» jurisprudence sur une foule de points de droit militaire
» et financier. »

Allent a été nommé successivement chevalier, officier et commandeur de la Légion d'honneur. Il a laissé quelques ouvrages militaires intéressants et de style correct, et est mort pauvre à Paris, le 6 juillet 1837.

DORSENNE. — Dorsenne (Jean-Marie-François Lepaigne, Comte), général français, grand officier de la Légion d'honneur, naquit à Ardres le 30 avril 1773.

Il partit comme volontaire en 1791 dans le 9e bataillon des volontaires du Pas-de-Calais et fut blessé à l'attaque des redoutes autrichiennes entre Lille et Tournai. Sa belle conduite lui valut d'être nommé capitaine sur le champ de bataille.

Dorsenne fit la campagne du Rhin et d'Italie sous Bernadotte, fut remarqué de ses chefs pour sa bonne conduite, son courage et son application, et obtint le grade de chef de bataillon, à peine âgé de 23 ans.

Il fit partie en cette qualité de l'expédition d'Egypte sous les ordres de Desaix, accompagna ce général dans la Haute-Egypte et fut chargé de la garde de l'artillerie et des vivres.

Un jour, n'ayant avec lui que 300 hommes, Dorsenne soutint contre des milliers de Mamelucks une attaque des plus acharnées, les força à battre en retraite, après leur avoir fait éprouver des pertes énormes, et s'empara de leurs bagages. Ce glorieux fait d'armes lui valut le grade de colonel. Il avait 25 ans.

En 1805, Dorsenne fut nommé major des grenadiers à pied de la garde impériale; il se distingua à Austerlitz, où il obtint le grade de général de brigade, à Eylau, à Ratisbonne, à Essling et à Wagram, et devint enfin général de division.

Appelé en 1811 au commandement d'une armée d'observation en Espagne, il réussit par d'habiles manœuvres à contenir les insurgés espagnols et les armées anglaises et portugaises dans les provinces de Navarre, de la Vieille-Castille et de Léon; mais, souffrant cruellement des blessures qu'il avait reçues à la tête pendant la campagne d'Egypte, il dut quitter le commandement de l'armée d'Espagne.

Dorsenne mourut à l'âge de 39 ans, le 24 juillet 1812, au moment où l'Empereur venait de lui envoyer l'ordre de prendre le commandement d'une division de la grande armée.

En apprenant la mort de ce brave général, Napoléon exprima ses regrets en présence de ses officiers, et ordonna que ses restes fussent déposés au Panthéon.

ROSAMEL. — Rosamel (Claude-Charles-Marie du Campe), amiral français, naquit en 1774 à Rosamel, commune de French.

Il entra dans la marine à 18 ans et fit les guerres de la Révolution et de l'Empire. Capitaine de frégate depuis 1808, il soutint en 1811, dans la mer Adriatique, un combat acharné contre une escadrille anglaise et tomba au pouvoir des ennemis.

Rendu à la liberté, en 1814, il fut nommé capitaine de vaisseau, puis, quatre ans après, contre-amiral et enfin membre du conseil de l'Amirauté.

En cette qualité, il s'occupa avec zèle de l'organisation de la marine et rendit de véritables services.

Lors de l'expédition d'Alger, il commandait une des divisions de la flotte qui prit part au bombardement de la ville. Quelque temps après, il fut chargé du commandement d'une escadre envoyée contre Tripoli pour venger une insulte faite à notre consul ; il obtint une éclatante réparation.

La révolution de Juillet survint. Rosamel se rallia au gouvernement de Louis-Philippe, fut nommé préfet maritime à Toulon, puis vice-amiral en 1831 et membre du Conseil d'amirauté en 1833.

Représentant de la ville de Toulon à la Chambre des députés, il fit partie, comme ministre de la marine, du cabinet Molé (1836 à 1839), et fut nommé enfin pair de France.

Il mourut en 1848.

CRESPEL-DELLISSE. — Crespel-Dellisse, créateur de l'industrie sucrière en France, chevalier de la Légion d'honneur, naquit à Lille, en 1780 ; il appartient cependant au Pas-de-Calais par sa famille et par toute sa vie.

En 1809, l'interruption de nos relations maritimes, par suite de la guerre avec l'Angleterre, avait fait élever le prix du sucre jusqu'à 40 fr. le kilogramme, et les savants étaient à la recherche d'un produit pouvant remplacer le sucre de canne.

Margraff, chimiste prussien, avait signalé le premier la présence du sucre cristallisable dans le jus de betterave, et Achard, chimiste français, avait montré la possibilité de l'extraire économiquement; mais ce n'était là encore que des théories et des expériences de laboratoire.

Crespel, doué d'une intelligence remarquable et d'un caractère entreprenant, résolut de faire l'extraction en grand du sucre de betterave par des procédés de son invention. Il réussit pleinement. Sa première usine, établie à Béthune en 1810, produisit d'abord 12,000 kil. de sucre, et cette production s'accrut d'année en année. Crespel vint ensuite s'établir à Arras, donna plus d'extension encore à son entreprise, si bien qu'en 1862 il avait trois fabriques en activité, et une exploitation agricole de 650 hectares, permettant de livrer annuellement au commerce deux millions de kilogrammes de sucre.

Pendant 54 ans, Crespel travailla activement avec des alternatives de succès et de revers; mais la fortune le délaissa de plus en plus, et, en 1863, il dut se résigner à une liquidation qui fut pour lui un désastre.

Le gouvernement, appréciant ses services, ne l'abandonna pas; il lui accorda, en 1864, une pension de 6,000 fr. à titre de récompense nationale.

Mais Crespel ne jouit pas longtemps du repos qu'il avait si bien mérité; il mourut du choléra le 21 novembre 1865.

C'était un homme d'une intelligence supérieure et d'un courage inébranlable; la France lui doit la création d'une industrie qui fait encore aujourd'hui la richesse des départements du Nord. Le buste de Crespel se trouve à Arras sur le boulevard qui porte son nom.

SAUVAGE. — Sauvage (Pierre-Louis-Frédéric), inventeur français, né à Boulogne-sur-Mer, le 19 septembre 1785, appartenait à une famille de constructeurs de cette ville.

Ses parents n'étaient pas riches et avaient une famille

de sept enfants; ils firent peu de frais pour son instruction et l'appliquèrent de bonne heure au travail.

A cette époque (1801), le premier consul se préoccupait d'une descente en Angleterre et le génie maritime faisait à Boulogne de grands préparatifs.

Le jeune Sauvage fut reçu, comme copiste, dans les bureaux de la marine. Ses appointements, fixés d'abord 1600 francs, s'élevèrent progressivement, grâce à son intelligence et son travail, à 1,200 francs. C'était une fortune pour le jeune employé, et beaucoup d'autres que lui auraient borné là leur ambition. Mais Sauvage était dévoré du désir de s'instruire; il consacra une partie de ses ressources à se donner des maitres, étudia avec ardeur et devint bientôt très fort en mathématiques et en mécanique.

C'est vers cette époque qu'il construisit un réveil-matin, autant pour donner carrière à son génie inventif que pour dérober quelques heures au sommeil au profit de ses chères études.

Le projet de descente en Angleterre ayant été abandonné (1805), Sauvage se trouva tout à coup sans emploi; il revint à l'atelier paternel, dont il prit la direction.

Ses premiers travaux comme ingénieur-constructeur lui acquirent beaucoup de renommée, mais ne le conduisirent pas à la fortune. Il entreprit alors l'exploitation d'une carrière de marbre à Elinghen et inventa pour cet usage un moulin horizontal, une machine à scier et à polir le marbre. Son usine, admirablement montée, mérita d'être appelée l'*Usine des Merveilles*, et la Société d'Agriculture, du Commerce et des Arts, lui décerna une médaille d'or.

Le génie inventif de Sauvage produisait toujours; il imagina à cette époque (1825) le physionomètre, instrument à l'aide duquel on prend exactement les empreintes du visage et des rondes bosses, puis, quelques années plus tard, un nouveau pantographe pour réduire ou augmenter mathématiquement tout modèle donné.

Mais ce qui a immortalisé le nom de Sauvage est l'invention de l'hélice.

Il essaya de démontrer l'avantage de ce propulseur sur les roues à palettes alors en usage; mais, faute de ressources, il ne put faire d'expériences en grand et ne réussit pas à convaincre les ingénieurs de notre pays.

Sauvage, ruiné par ses entreprises, était en prison pour dettes au Havre, lorsqu'on mit à la mer dans ce port un vaisseau à hélice construit par un Anglais d'après le système de l'ingénieur français.

Ce fut pour le public une révélation. Alors seulement on comprit, en France, l'importance de la nouvelle invention.

Sauvage fut mis en liberté et une souscription nationale lui assura une modeste pension de 2,000 francs.

Dans sa vieillesse il perdit la raison, fut enfermé dans la maison de santé de Picpus et y mourut le 17 juillet 1857.

La ville de Boulogne a donné le nom de Frédéric Sauvage à une de ses places et a élevé un monument à la mémoire de son illustre enfant.

SCHRAMM. — Schramm (Jean-Paul-Adam, comte de), fils du général de ce nom, naquit à Arras le 1er décembre 1789.

Il entra au service comme sous-lieutenant dans la 2e demi-brigade, prit part à toutes les campagnes de l'empire, se distingua à Ulm, à Austerlitz, au siège de Dantzig, à Essling et à Wagram, à Lutzen et à Dresde, et conquit rapidement tous les grades jusqu'à celui de général.

Schramm rentra pour quelque temps dans la vie privée (1816) et se livra à l'étude des questions d'organisation et d'administration de l'armée; mais il reprit du service en 1828 et exerça divers commandements à Saint-Omer, à Paris, à Lyon et en Algérie. Dans cette province il se montra aussi bon administrateur que valeureux guerrier, et, à son retour en France, il fut regretté de l'armée, des fonctionnaires et des colons.

Schramm prit part comme conseiller d'État aux travaux du comité de la guerre et de la marine; on le voyait à la Chambre des députés et à la Chambre des pairs prendre part avec un zèle éclairé et soutenu aux discussions concernant les projets de lois militaires présentés par le gouvernement.

Le nom du général Schramm se trouve inscrit sur l'Arc de triomphe de l'Étoile à côté de ceux dont la

France s'enorgueillit, et une caserne de la ville d'Arras est désignée sous ce nom illustre.

CARNOT. — Carnot (Lazare-Hippolyte), ancien ministre de l'Instruction publique, sénateur, naquit à Saint-Omer, le 6 avril 1801. — Son père, le Grand Carnot, celui qu'on a surnommé plus tard l'organisateur de la victoire, s'était marié dans cette ville en 1791, alors qu'il était simple capitaine au corps royal du génie.

Lorsque, après le retour des Bourbons, en 1815, le grand Carnot fut exilé, son fils l'accompagna en Belgique, en Pologne et en Allemagne, et séjourna sept ans à Magdebourg, où il compléta son instruction par une étude approfondie de la littérature allemande.

A la mort de son père (1823), le jeune Carnot revint en France et suivit avec éclat la carrière du barreau. Il fut élu député de Paris en 1839, siégea à l'opposition radicale et prépara, par sa collaboration à divers journaux, la Révolution de 1848.

Nommé ministre de l'Instruction publique par le nouveau gouvernement, il signala son court passage au ministère par des plans de réformes importantes.

Il s'occupa d'améliorer le sort des instituteurs, fit décréter la gratuité de l'école normale, introduisit l'enseignement agricole dans les écoles primaires, institua des lectures publiques pour le peuple et fonda l'école d'administration.

Il élabora encore un projet de loi sur l'instruction primaire gratuite et obligatoire; mais, forcé de se retirer du ministère après un vote hostile de l'Assemblée, il dut abandonner son projet.

Carnot continua cependant à faire partie de la Constituante; il entra également à l'Assemblée législative et y lutta contre la majorité réactionnaire et contre la politique particulière du prince-président.

Après le coup d'État du 2 décembre 1851, Carnot quitta volontairement la France. Il fut élu en son absence et par deux fois député de Paris au Corps législatif; mais, ayant refusé de prêter serment à l'Empire, il fut déclaré démissionnaire.

En 1864, réélu une troisième fois, il vint enfin siéger

an Palais Bourbon. Il prit rang parmi les membres de l'opposition et ne cessa de revendiquer avec talent et énergie le rétablissement des libertés publiques.

Sous la troisième République, Carnot représenta le département de Seine-et-Oise à l'Assemblée nationale de 1871 ; il fut élu en 1875 sénateur inamovible et présida longtemps la haute assemblée en qualité de doyen d'âge.

Carnot était doué d'une belle intelligence ; il avait une grande droiture de caractère et sa vie tout entière fut pure et intègre. Il est le père de M. Carnot (Marie-François-Sadi), Président de la République.

Après avoir élevé son fils dans la voie du travail, de l'honneur, de la science et du patriotisme républicain, il en reçut la plus belle récompense qu'un père puisse souhaiter, puisqu'il eut la joie de le voir appeler par la représentation nationale à la plus haute magistrature du pays.

Ce grand citoyen mourut à Paris, le 16 mars 1888.

BAUDENS. — Baudens (Jean-Baptiste-Lucien), chirurgien célèbre, est né à Aire le 23 avril 1804. Après de bonnes études au collège d'Amiens, il entra comme aide-chirurgien élève à l'hôpital d'instruction de Lille, passa successivement dans les hôpitaux de Strasbourg et du Val-de-Grâce(Paris), et entra enfin comme chirurgien aide-major au 11e régiment de dragons (1827).

Attaché à l'armée d'Afrique, il fit toutes les campagnes de 1830 à 1842, se signala par son habileté remarquable dans l'organisation des ambulances et par un dévouement sans bornes sur le terrain même et sous le feu de l'ennemi. Il fut plusieurs fois cité à l'ordre du jour et obtint successivement la croix de chevalier et celle d'officier de la Légion d'honneur. Rentré en France, il professa au Val-de-Grâce, fut nommé chirurgien inspecteur, membre du conseil de santé des armées, et obtint la dignité de commandeur de la Légion d'honneur.

Il partit en 1855 pour la Crimée comme inspecteur médical, resta pendant dix mois au milieu de nos braves soldats et contribua, par les mesures qu'il fit adopter, à diminuer l'intensité du fléau qui décimait l'armée.

Mais tant de fatigues avaient ébranlé sa santé; il revint en France et mourut bientôt après, en 1857.

Baudens a laissé un grand nombre de mémoires et d'ouvrages de médecine estimés.

SAINTE-BEUVE. — Sainte-Beuve (Charles-Augustin, poète et critique français, né à Boulogne-sur-Mer le 23 décembre 1804, fit ses études à Boulogne d'abord, puis au collège Charlemagne, à Paris, où il eut les plus grands succès.

Malgré son penchant pour la poésie, il étudia la médecine pour se faire un état, et entra, comme externe, à l'hôpital Saint-Louis.

Ses goûts le ramenèrent bien vite à la littérature ; il se lia avec Victor Hugo, A. de Musset, et s'attacha à la cause de la révolution romantique.

Il fit paraître un *Tableau historique et critique de la poésie française au XVIe siècle*, qui est regardé comme un des meilleurs morceaux d'histoire littéraire de l'époque, et plusieurs recueils de poésie.

Après 1830, Sainte-Beuve entra dans le journalisme, collabora au *Globe*, au *National* et à la *Revue des Deux-Mondes*, où il continua une galerie de portraits, commencée dès 1829, dans la *Revue de Paris*. Il rentrait ainsi dans sa véritable voie, celle où il s'est montré véritablement supérieur.

En 1837, Sainte-Beuve alla faire un cours à Lausanne, sur *Port-Royal*, ce qui lui donna l'idée d'écrire l'histoire de cette savante société. Il mit 20 ans à ce travail, mais il en fit une œuvre remarquable, « une monographie littéraire la plus approfondie de notre langue, et où il sait pénétrer dans les idées et les sentiments des hommes et des œuvres. »

Sainte-Beuve entra, en 1845, à l'Académie Française, et fut nommé, en 1852, professeur au Collège de France.

Dès 1850, il avait inauguré, dans le *Constitutionnel* d'abord, puis dans le *Moniteur officiel*, et dans le *Temps*, ses brillantes *Causeries du Lundi*, qui ont fait sa réputation comme critique littéraire.

Sainte-Beuve fut appelé au Sénat en 1865 ; il est mort à Paris, le 16 octobre 1869.

CAVENTOU. — Caventou (Joseph-Bien-Aimé), célèbre chimiste, membre de l'Académie royale de médecine et d'un grand nombre d'autres académies nationales et étrangères, chevalier de la Légion d'honneur, naquit à Saint-Omer le 30 juin 1796. Son père, qui était pharmacien et naturaliste distingué, après lui avoir enseigné les sciences physiques et naturelles, l'envoya à Paris pour se perfectionner.

Le jeune Caventou entra dans le corps des officiers de santé militaire en qualité de sous-aide-major, et fut bientôt envoyé à l'hôpital militaire d'Utrecht où, sous la direction de M. Frémery, savant professeur, il fit de rapides progrès en chimie.

Pendant le siège de Waarden, en 1813, Caventou, quoique à peine âgé de 17 ans, rendit en qualité de chef du service pharmaceutique les plus grands services : il désinfecta les eaux corrompues et insalubres des citernes qui occasionnaient une mortalité considérable, et fabriqua le savon dont la ville avait absolument besoin.

Rentré en France, Caventou quitta le service militaire, entra comme étudiant à la Faculté des sciences de Paris et au Jardin du Roi, et, sous la direction de Thénard, devint le premier pharmacien de la capitale.

Sa renommée s'accrut rapidement. Associé à Pelletier, son collègue et ami, ils firent des recherches sur les alcalis végétaux et découvrirent un grand nombre de corps nouveaux, tels que la carmine, principe colorant de la cochenille, et la strychnine, substance des plus énergiques obtenue de la noix vomique, etc. Ils découvrirent également les principes actifs de la quinine et de la cinchonine, et en formèrent différents sels dont l'un, le sulfate de quinine, est devenu un précieux remède qui a amené une sorte de révolution dans la thérapeutique.

Au lieu de garder pour eux-mêmes le secret de cette découverte qui eût pu les conduire à la fortune, Caventou et son ami se hâtèrent au contraire de la publier pour en faire bénéficier le public.

L'Institut les récompensa de leurs glorieux travaux et de leur désintéressement par un prix Montyon d 10,000 fr.

Les ouvrages que Caventou a publiés sur la chimie

sont nombreux; et cependant ils ne donnent qu'une faible idée des services que cet illustre savant a rendus à la science et à l'art de guérir.

Caventou a été promu officier de la Légion d'honneur en 1845; il est mort à Paris, le 5 mai 1877.

MARIETTE. — Mariette (Auguste-Edouard), dit Mariette-Bey, savant égyptologue, est né à Boulogne-sur-Mer, le 11 février 1821.

Il fit ses études dans cette ville, et montra de bonne heure un goût prononcé pour l'antiquité.

En 1847, il fit paraître sous le titre de « *Lettre à M. Bouillet sur l'article Boulogne de son Dictionnaire d'histoire et de géographie* », une dissertation sur les origines de sa ville natale.

L'étude des hiéroglyphes captivait surtout son attention; il s'y appliqua avec ardeur et, malgré le peu de ressources que lui offrait Boulogne, il réussit à vaincre les premières difficultés.

Au musée égyptien du Louvre, où il fut appelé en 1848, Mariette se distingua par son savoir et son intelligence, et obtint la confiance du ministre de l'Instruction publique, qui le chargea d'une mission scientifique en Egypte.

Là, Mariette entreprit des fouilles et fit des découvertes importantes. Il dégagea des sables le temple du dieu Apis, le tombeau des bœufs Apis, le Sérapéum de Memphis (temple du dieu Sérapis), le célèbre Sphinx, statue colossale, à corps de lionne et à tête de femme, et un grand nombre de monuments précieux.

Il a publié quelques mémoires dans la Revue archéologique et dans le Bulletin archéologique de l'Athénæum français (1855-56), et un opuscule intitulé « *Choix des monuments et des dessins découverts ou exécutés pendant le déblaiement du Sérapéum de Memphis.* »

Il mourut au Caire, le 18 janvier 1881.

La ville de Boulogne, fière à juste titre de la renommée européenne de Mariette, lui a élevé une statue sur une de ses places.

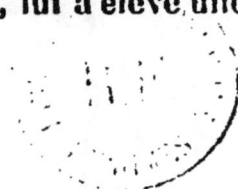

FIN

TABLE

DES PERSONNAGES REMARQUABLES DU PAS-DE-CALAIS

ÉMILE COLIN. — Imprimerie de Lagny.

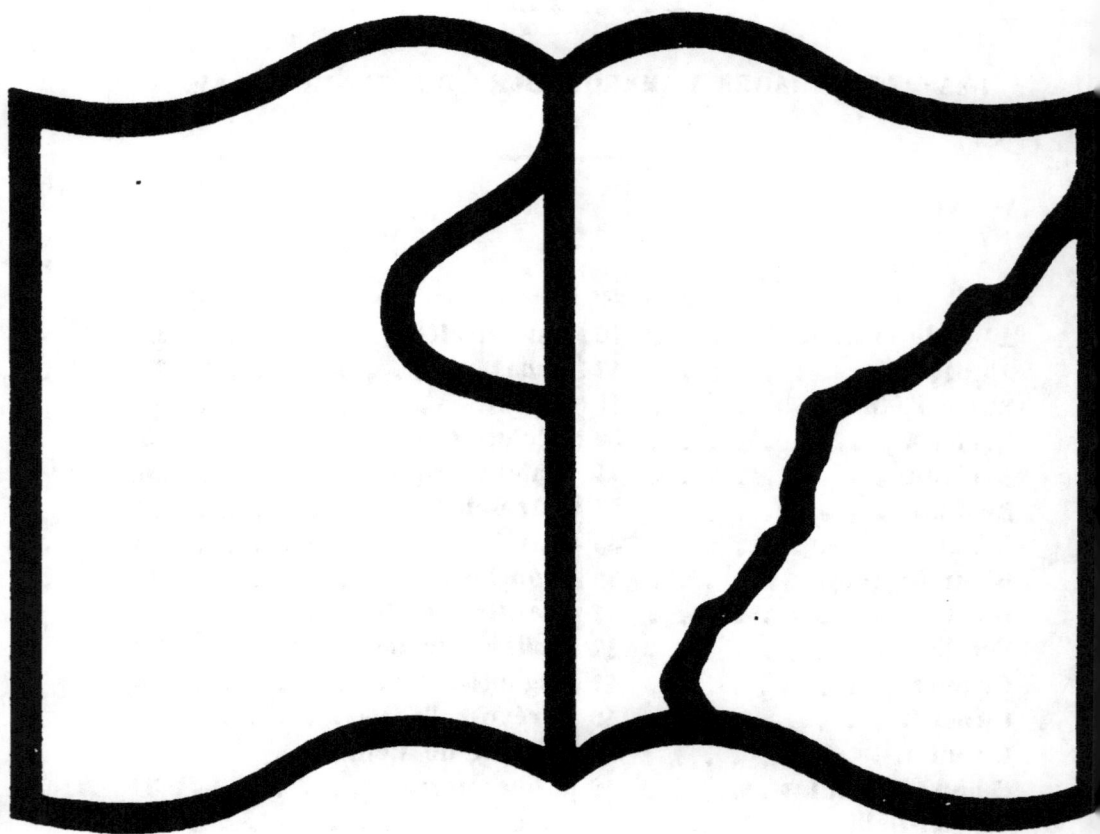

Texte détérioré — reliure défectueuse

NF Z 43-120-11

www.ingramcontent.com/pod-product-compliance
Lightning Source LLC
LaVergne TN
LVHW022156080426
835511LV00008B/1422